うちにじゃがいもが来た

ベランダで育ててみたら、

花が咲いた

じゃがいも・ブック

坂田 阿希子

東京書籍

はじめに

Pomme de terre
大地のりんご
フランスではじゃがいもをこう呼ぶ。

小学生の頃、先生が裏庭にじゃがいもを植えましょうと言った。
大きな親芋を植えると、やがて小さく芽が出てきて、日に日にそれは大きく伸びた。
そして、白くてやさしい感じの花が咲き、
土の中から小さなじゃがいもたちのおしゃべりが聞こえ出す(ような気がした)。

秋の収穫のとき、みんなで綱引きのようにじゃがいもの根を引っ張ったら、
根っこにはたくさんのじゃがいもたちがごろごろと連なって出てきた。
顔じゅう泥だらけにして夢中で収穫して、おなじく泥だらけのじゃがいもを綺麗に洗って、
しゅうしゅうと蒸気の上がった蒸し器で蒸した。

みんなで手袋をして、蒸したて熱々のじゃがいもの薄い皮をむくと、
つるりとお風呂上がりのようなじゃがいもの肌がのぞいて、
それに塩とバターをつけたら、バターがつるりとすべり落ちた。
前歯で少しかじってみたら、鼻先から大地の匂いがした。
それはそれはみずみずしくて、なんておいしいものだろうと思った。
わたしの一番思い出に残るじゃがいも料理のお話。

いつもじゃがいもはわたしたちのそばにいて、大地の匂いを運び、
世界中のいろんなところで、いろんな料理になっている。
やさしくて、力強くて、柔軟で、欠かせない脇役であり、最高の主役。
じゃがいもが好きです。じゃがいもの料理が大好きです。

坂田阿希子

contents

はじめに 4
じゃがいものあれこれ 8

ベイクドポテト
いろいろな種類のベイクドポテト 16
ベイクドポテトの楽しみ方 16
塩と粗びき黒こしょう、オリーブオイル 18
サワークリームとイクラ 18
冷たいバターと塩 18
焦がしバター、レモン 18
切ってベイク 19
皮をむいてベイク 19
切り目を入れてベイク（ハッセルバックポテト） 19
蒸したものをベイク 19

フライドポテト
皮つきフライドポテト 20
割ってフライ 22
角切りにしてフライ 22
薄切りにしてフライ（ポテトチップス） 23
棒状に切ってフライ（フレンチフライ／ポムフリット） 23
ステーキフリット 24
角切りフライ、生ハム、目玉焼きトリオ 25

蒸しポテト
丸ごと蒸しポテト 26
蒸したてポテトの楽しみ方 26
[ディップ1] コンビーフと玉ねぎのスパイシー炒め 28
[ディップ2] トマトと玉ねぎのサルサ
[ディップ3] たらことサワークリーム
[ディップ4] 紫キャベツのコールスロー
[ディップ5] アンチョビーバター

粉吹きいも
昔ながらの粉吹きいも 30

マッシュポテト
シンプルなマッシュポテト 32
マッシュポテトの楽しみ方 34
[アレンジ1] セロリアックのマッシュポテト
[アレンジ2] チーズ入りマッシュポテト
[アレンジ3] オレンジマッシュポテト

ポテトサラダ
お肉屋さんのポテトサラダ 36
いろいろなポテトサラダ 38
自家製マヨネーズのポテトサラダ 38・40
レモンアイオリソースのポテトサラダ 38・40
手作りドレッシングのポテトサラダ 39・41
新じゃがのサワークリームサラダ 39・41
ニース風サラダ 42
揚げじゃがいものサラダ 44
タラモサラダ 46
せん切りじゃがいもの和風サラダ 47

ポテトコロッケ　48
定番ポテトコロッケ　48
ポテトクリームコロッケ　50
たらとじゃがいものコロッケ　52
鮭とディルのコロッケ　54・56
マッシュポテトと
キャラウェイシードのコロッケ　55・57

ポテトスープ　58
ヴィシソワーズ　58
じゃがいもとはまぐりのスープ　60
じゃがいものレモン風味スープ　62
じゃがいもと白いんげん豆のスープ　63

ポテトサンドイッチ　64
薄切りポテトのライ麦サンド　64
B.L.T.P.サンド　66
コンビーフとポテトのクロック　68

オーブンで仕上げる　70
グラタン・ドフィノア　70
ヤンソンの誘惑　72
じゃがいもと栗のグラタン　74
スタッフドポテト　75
じゃがいものタルタルソース焼き　76
じゃがいものローズマリー焼き　77
コテージパイ　78
ベッコフ　80
じゃがいもとかにのスフレ　82
じゃがいものキッシュ　84・86
じゃがいもとゆで卵入りミートパイ　85・87

フライパンで仕上げる　88
スパニッシュオムレツ　88
鶏肉とじゃがいものフリカッセ　90
じゃがいものガレット　92
テイタートッツ　94
じゃがいものパン粉フライ　95
じゃがいもとディルのサブジ　96
じゃがいもとグリーンピースのサブジ　96
じゃがいものチヂミ　98
じゃがいものかき揚げ　100
じゃがいものきんぴら風　102
じゃがいものシャキシャキ炒め　103

鍋で仕上げる　104
アイリッシュシチュー　104
じゃがいものキーマカレー　106
カムジャタン　108
肉じゃが　110
新じゃがいもの煮ころがし　112

じゃがいものみそ汁いろいろ　114
わかめとじゃがいも　114・116
玉ねぎとベーコン、じゃがいも　114・116
油揚げとせん切りじゃがいも　114・116
落とし卵とじゃがいも　114・116
じゃがバターコーン　115・117
じゃがいもすり流し　115・117
豚汁風　115・117
石狩風　115・117

粉料理に　118
じゃがいものニョッキ　118
セージバターソース　118
じゃがいものグジェール　120
じゃがいものパンケーキ　124
じゃがいものドーナツ　126

＊計量単位は、1カップ＝200mℓ、大さじ1＝15mℓ、小さじ1＝5mℓです。
＊ガスコンロの火加減は、特にことわりのない場合は中火です。
＊オーブン、オーブントースターの焼き時間は目安です。
機種によって多少差があるので、様子を見ながら加減してください。
＊特にことわりがない場合、酢は米酢、塩は自然塩を使います。
＊オリーブオイルはエキストラバージンオリーブオイルを使います。
＊じゃがいもの種類や品種は、特にことわりがない場合は、好みのじゃがいもで構いません。

この本で使ったじゃがいも9種類

皮が黄色いタイプ、赤や紫色のタイプ。まん丸のもの、細長いもの。果肉が白いもの、黄色いもの。男爵系はホクホク、メークイン系はねっとり。でも、どのじゃがいもをどの料理に使うかの決まりはない。それがいい。

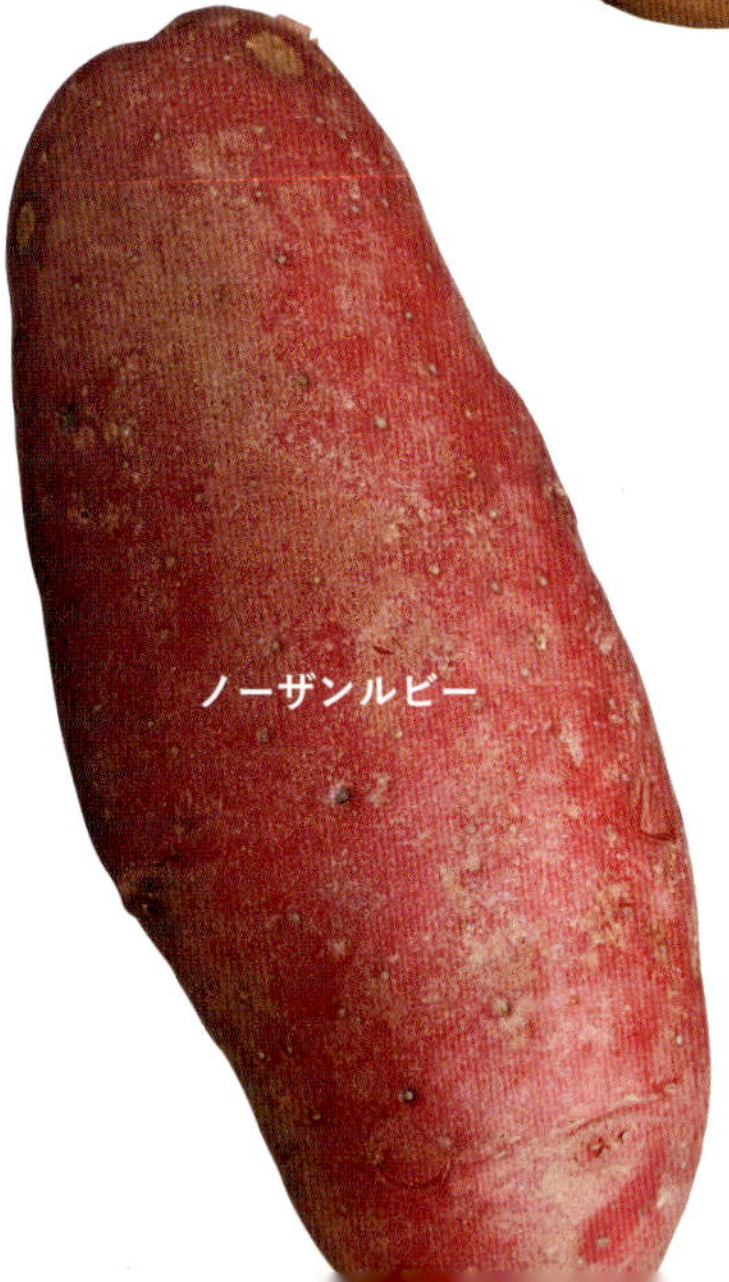

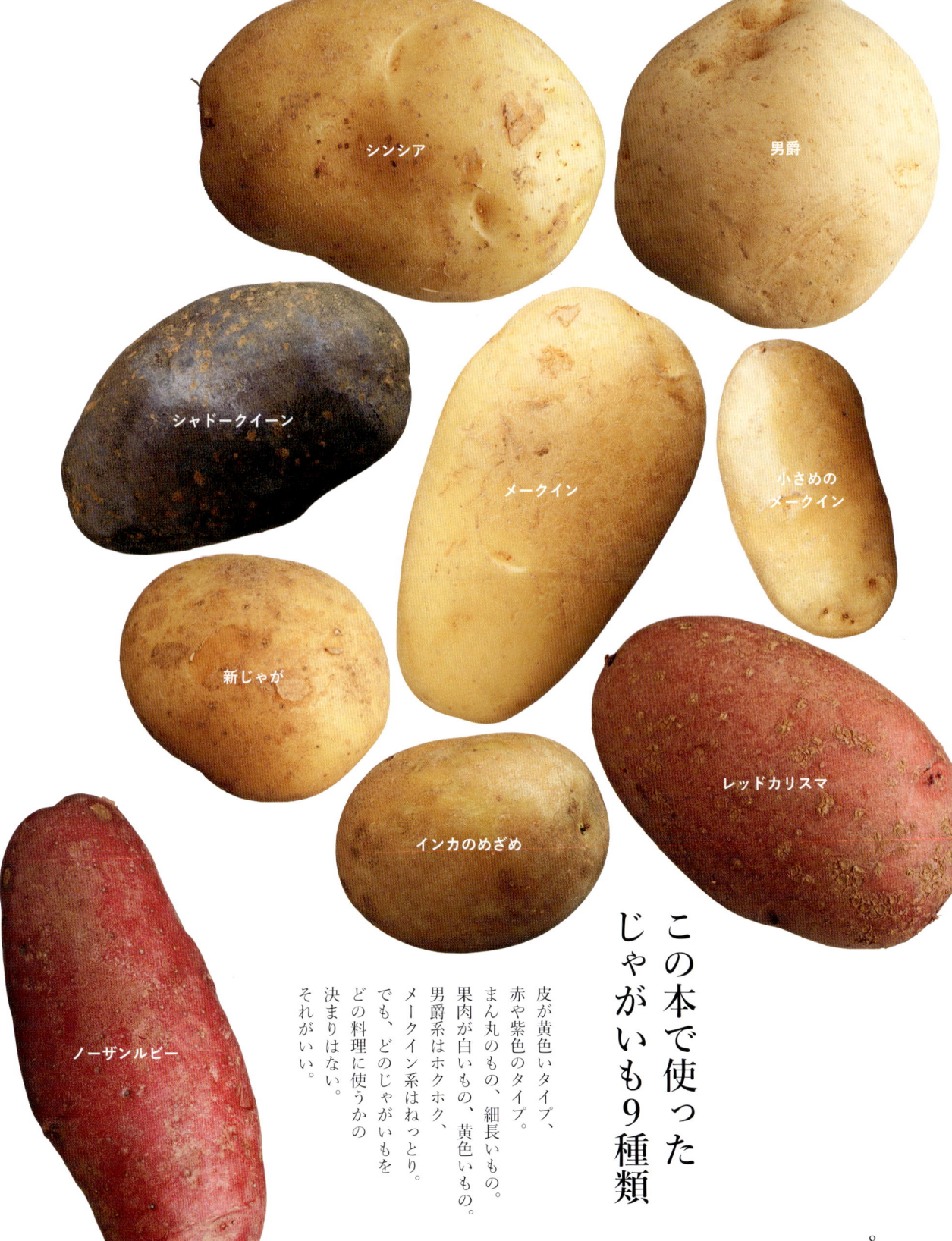

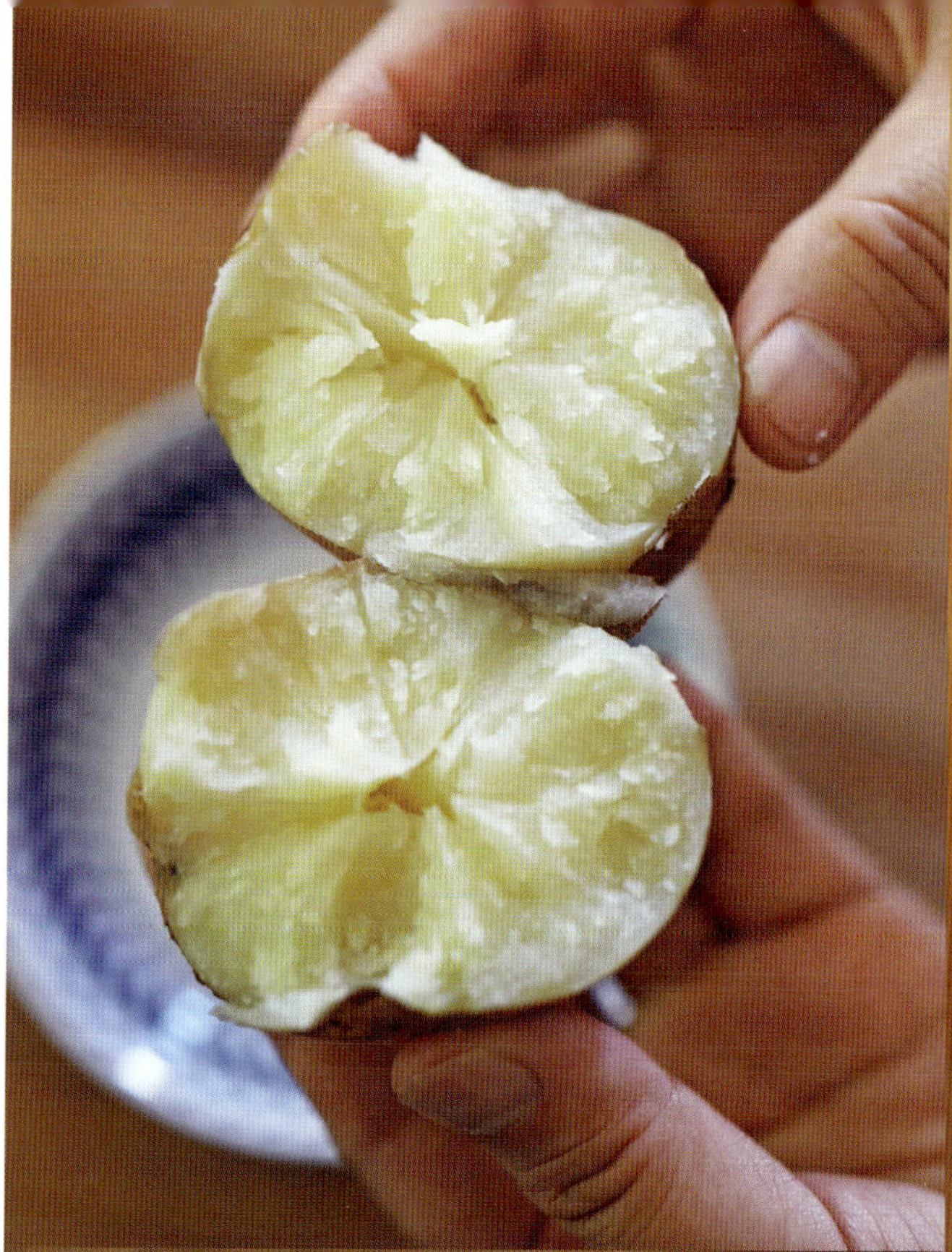

じゃがいもを冷凍してみた

蒸す(またはゆでた)じゃがいもを皮つきのまま、A丸ごと冷凍。B棒状に切って冷凍。揚げてみたら、どんなだろう。植物性油とラードでカリッとね。ファーストフード店で食べたことのある、おやつな感じ。Aは蒸し直してからね。

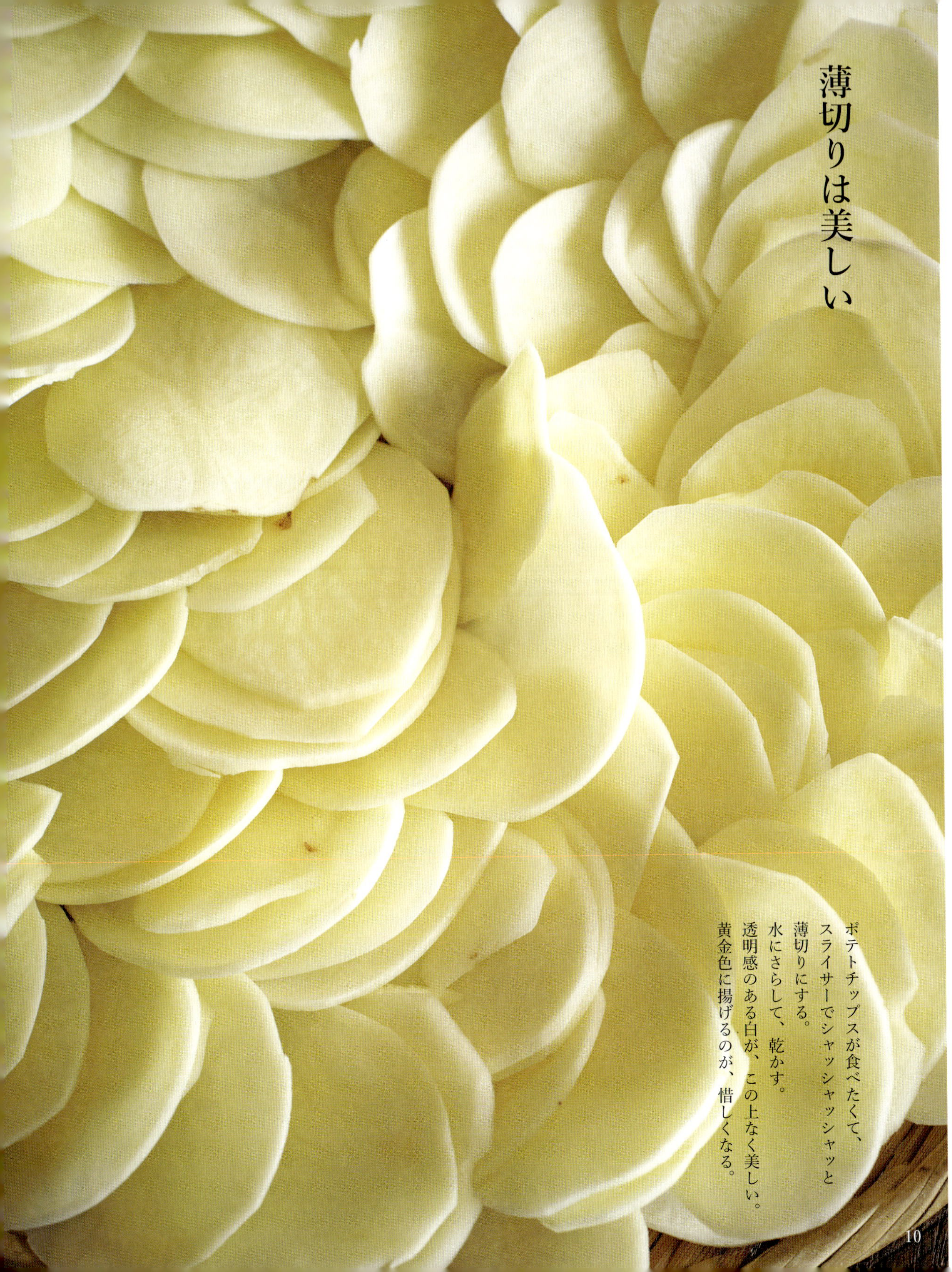

薄切りは美しい

ポテトチップスが食べたくて、
スライサーでシャッシャッシャッと
薄切りにする。
水にさらして、乾かす。
透明感のある白が、この上なく美しい。
黄金色に揚げるのが、惜しくなる。

じゃがいも料理に使う道具

皮をむく

つぶす

薄切りにする

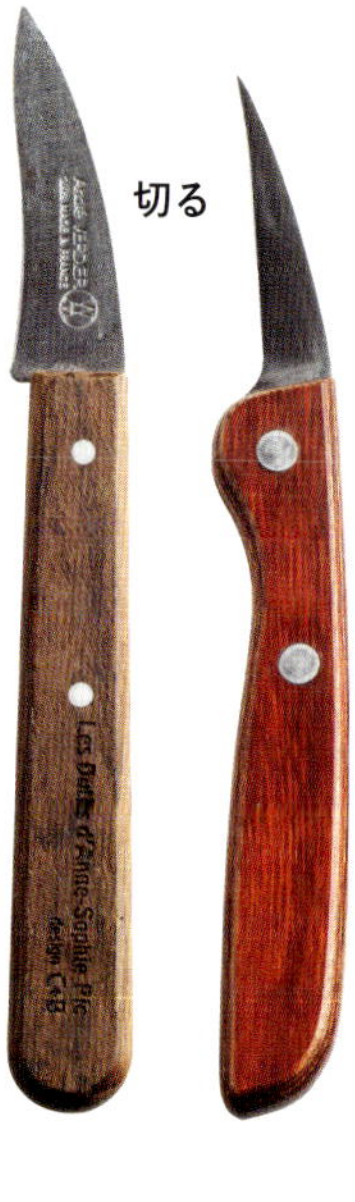

切る

すりおろす

皮むき器、すりおろし器、マッシャー、スライサー、プティナイフ。じゃがいもの下ごしらえには道具が必要。いつの間にか集まった、うちのスタンダード。手になじむほど使い勝手がいい。

じゃがいもとりんご

フランス語で、じゃがいもは
pomme de terre　ポム・ド・テール、
りんごは pomme　ポム。
じゃがいもは16世紀ごろ新大陸の中南米から
ヨーロッパにもたらされた野菜。
その名前に西欧で長い歴史をもつりんごが
使われたという一説がある。
関係ないが、じゃがいもを保存するとき、
りんごを一緒に入れておくと、芽が出にくくなる。

アクアビット

北欧のスピリッツといえば、アクアビット。
じゃがいもを主原料とし、
さまざまなスパイスを加えて作られる。
キンキンに冷やして飲むのがおすすめ。
アクアビットの語源は
ラテン語の aqua vitae（命の水）。

楽しいいも版

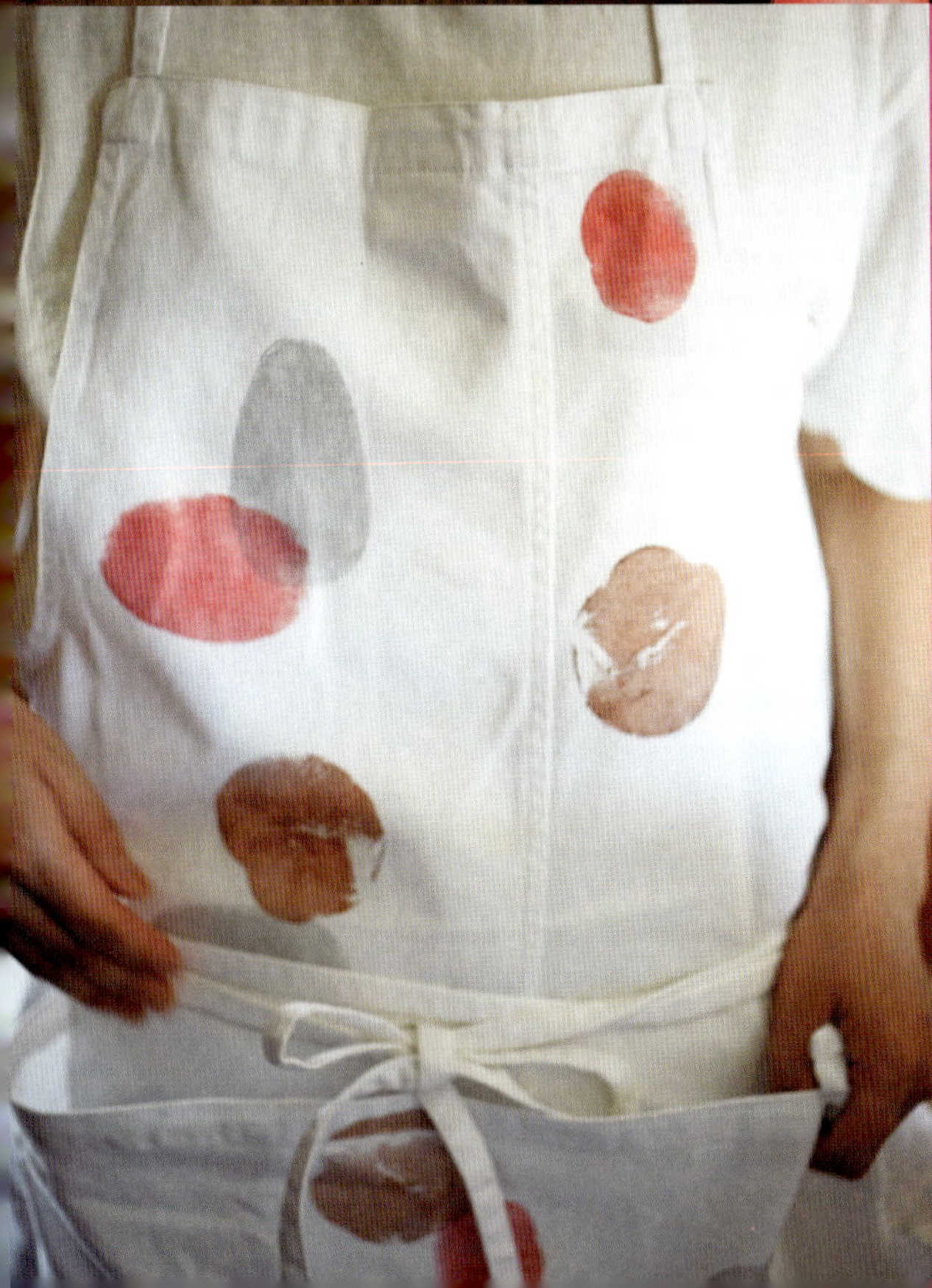

じゃがいもを縦か横かに半分に切り、彫りたいデザインや絵を描いて彫刻刀などで削り取る。当然だが、単純な絵柄の方がうまくいく。不安な人は、なにも彫らなくてもOK。好きな色のインクをつけて紙や布に押していく。エプロンできました。

ベイクドポテト

いろいろな種類の ベイクドポテト

じゃがいもは皮つきのまま洗って天板に並べ、190℃のオーブンで40～50分焼く。

■ベイクドポテトの楽しみ方

塩と粗びき黒こしょう、オリーブオイル

焼きたてのベイクドポテトに、塩、粗びき黒こしょうをふり、オリーブオイルをたらり。

冷たいバターと塩

焼きたてのベイクドポテトに、冷たいバターと粗塩を。

サワークリームとイクラ

焼きたてのベイクドポテトにサワークリーム適量とイクラ適量をのせて。

焦がしバター、レモン

焼きたてのベイクドポテトをざっくりと割って、焦がしバターをかけ、塩と黒こしょうをふり、レモンをキュッと搾りかけて。

切ってベイク

皮つきのじゃがいもを2～3cm角に切り、天板にのせてオリーブオイルをかける。190℃のオーブンで20分ほど焼き、焼き上がりに塩をぱらり。

皮をむいてベイク

じゃがいもの皮をむき、水に5分ほどさらして水気を拭く。オリーブオイルをまぶして天板にのせ、190℃のオーブンで30～50分焼く。焼き上がったらそのまま、または手で半分に割って粗塩をふる。

切り目を入れてベイク（ハッセルバックポテト）

底を切り離さないよう、じゃがいもの両脇に割り箸などをおき、できるだけ細かい間隔で切り目を入れ、水に5～6分さらして水気を拭く。天板に並べてオリーブオイルをかけ、190℃のオーブンで30～40分焼く。塩、黒こしょう、好みでさらにオリーブオイルかバターをふる。

蒸したものをベイク

皮つきで丸ごと蒸したじゃがいも(p.26参照)を天板に並べ、190℃のオーブンで15～20分焼く。蒸したものをベイクすると、さらにホクホク。

フライドポテト

皮つきフライドポテト

じゃがいも(メークイン)は洗って、皮つきのまま丸ごと蒸し(p.26)、そのまま冷蔵庫で一晩おき、くし形に切る。一晩おくとデンプンが増えて甘みが増す。揚げ油(サラダ油とラードを半量ずつ)を高温に熱し、じゃがいもを入れ、うっすらと色づいてきたらローズマリーを入れ、ときどき混ぜながら、全体にこんがりと色づき、カリッとなるまで揚げる。最後は火を強めて仕上げる。網にとり、粗塩をふる。

割ってフライ

新じゃがいもは洗って、
皮つきのまま丸ごとゆで、水気をきる。
揚げ油(サラダ油とラードを半量ずつ)を
高温に熱し、
じゃがいもを手で2~3等分に割って入れ、
ときどき混ぜながら
全体にこんがりと色づくまで揚げる。
揚げたてに粗塩をふる。

角切りにしてフライ

じゃがいもは皮をむき、
食べやすい大きさの角切りにし、ゆでて水気をきる。
揚げ油(サラダ油とオリーブオイルを半量ずつ)を
高温に熱し、じゃがいもを入れ、
ときどき混ぜながら、こんがりと色づくまで揚げる。
揚げたてに粗塩をふる。

薄切りにしてフライ（ポテトチップス）

じゃがいもは皮をむいて薄切りにし、たっぷりの水にさらし、途中2〜3回水を取り替えてデンプンをしっかりと取る。
ザルに上げて水気をきり、さらに少し広げて乾かす。
揚げ油（サラダ油）を高温に熱し、じゃがいもを入れ、ときどき混ぜながら、こんがりと色づくまで揚げる。
揚げたてに粗塩をふる。

棒状に切ってフライ
（フレンチフライ／ポムフリット）

じゃがいもは皮をむいて1cm幅の棒状に切る。
鍋にじゃがいもを入れ、ひたひたになるまで冷たいサラダ油とラードを半量ずつ入れて火にかけ、ゆっくりと温度を上げ、ときどき混ぜながら揚げる。
じゃがいもの水分が抜けてこんがりと色づいたら、最後に火を強めてカリッとさせる。
粗塩をふり、トマトケチャップを添える。

ポムフリットとステーキは定番の組み合わせ

材料　2人分
牛サーロイン肉
　＿1㎝厚さのもの2枚
オリーブオイル＿大さじ2
塩、黒こしょう＿各適量
ポムフリット＿適量
フレンチマスタード＿適量

1 牛肉は焼く2～3時間前に冷蔵庫から出し、室温に戻す。焼く直前まで塩はしない。

2 フライパンにオリーブオイルを入れてよく熱し、牛肉に塩と黒こしょうをして入れ、強火で両面をしっかりと焼く。フライパンを傾け、ときどき油をかける。

3 指で表面を押さえたとき、弾力が強いほど、火が通っている証拠。好みの焼き加減に仕上げる。

4 ポムフリットとともに器に盛り、フレンチマスタードを添える。

目玉焼きをくずしながら食べるのが最高

材料　1人分
生ハム＿40g
卵＿2個
オリーブオイル＿大さじ1
角切りポテトフライ＿適量

1 器に角切りポテトフライを盛って生ハムをのせる。
2 フライパンにオリーブオイルを熱して卵を割り入れ、まわりがカリッとするまで焼いて**1**にのせる。卵の黄味をソース代わりにして食べる。

角切りフライ、生ハム、目玉焼きトリオ

蒸しポテト

丸ごと蒸しポテト

じゃがいもは洗い、
皮つきのまま丸ごと
蒸気の上がった蒸し器に並べ、
中火で30～40分蒸す。
竹串を刺してみて
スーッと通るようになったら蒸し上がり。

蒸したてをそのまま
ディップをつけて食べるほか、
ベイクする、フライにするなど展開可能。

■蒸したてポテトの楽しみ方

[ディップ 1]

**コンビーフと玉ねぎの
スパイシー炒め**

材料　作りやすい分量

コンビーフ＿60g
玉ねぎのみじん切り＿½個分
オリーブオイル＿大さじ1
スパイス
　カイエンヌペッパー
　　＿小さじ⅙
　チリパウダー＿小さじ⅓
　クミンパウダー＿小さじ¼
塩＿小さじ⅓
黒こしょう＿少々

1　フライパンにオリーブオイルを熱して玉ねぎを炒め、しんなりしたらコンビーフをほぐしながら加えて炒め合わせる。
2　スパイス、塩、こしょうを加えてさらに炒める。

[ディップ 2]

トマトと玉ねぎのサルサ

材料　作りやすい分量

トマトのみじん切り＿1個分
玉ねぎのみじん切り＿¼個分
オリーブオイル＿大さじ1
ライムの搾り汁＿¼個分
塩＿小さじ⅓

1　ボウルにすべての材料を入れて混ぜ合わせる。

[ディップ3]

たらことサワークリーム

材料　作りやすい分量
たらこ＿½腹
サワークリーム＿大さじ3

1　たらこは薄皮を除いてほぐし、サワークリームと混ぜ合わせる。

[ディップ4]

紫キャベツのコールスロー

材料　作りやすい分量
紫キャベツ＿½個
赤ワインビネガー＿大さじ1
オリーブオイル＿大さじ1
塩＿小さじ½

1　紫キャベツは細切りにし、熱湯でさっとゆでてザルに上げ、水気をしっかりと絞る。
2　ボウルに移し、ビネガーを加えてなじませ、オリーブオイル、塩を加えて混ぜ合わせる。

[ディップ5]

アンチョビーバター

材料　作りやすい分量
アンチョビー＿8g
無塩バター＿40g

1　バターは室温でやわらかくする。
2　アンチョビーを細かくなるまでたたき、1を加えて混ぜる。

その他

塩、粗びき黒こしょう、マヨネーズ、きゅうりのピクルス、香菜のざく切り。

粉吹きいも

昔ながらの粉吹きいも

じゃがいもは皮をむいて
4等分に切り、面取りする。
鍋に入れ(a)、
ひたひたの水を注いで火にかけ、
じゃがいもが
やわらかくなるまでゆでる(b)。
ゆで汁を捨て、
鍋をゆすりながら水分を飛ばし(c)、
粉吹きにする。

粉吹きいもに塩、白こしょうをふり、
パセリのみじん切りをまぶす。
これだけで肉・魚料理のつけ合わせやお弁当のおかずに。
マヨネーズであえたらポテトサラダに。

マッシュポテト

器に盛って、このまま食べても、
肉料理に添えても。

シンプルな マッシュポテト

じゃがいも3個は洗い、
皮つきのまま水からゆで、
竹串がスーッと通るくらいまで
やわらかくなったら
ザルに上げる。
皮をむいて熱いうちに裏漉しする(a)。
鍋に入れて火にかけ、
牛乳80mℓを加えて混ぜ(b)、
バター50gを加えて
なめらかになるまで混ぜる(c)。
塩小さじ⅔で味を調え、
生クリーム小さじ2を加えて混ぜる。

■マッシュポテトの楽しみ方

1 セロリアックは皮を厚めにむいて薄切りにし(a)、正味230g用意する。じゃがいもは皮をむいて半分に切り、5㎜厚さに切る。

2 鍋にセロリアックとじゃがいもを入れ、分量の水、バター、塩一つまみを加え(b)、ふたをして火にかける。沸騰したら弱火にし、セロリアックとじゃがいもがやわらかくなるまで蒸し煮にする。

3 フードプロセッサーにセロリアックとじゃがいもを入れ(c)、攪拌する。まわりにくいようなら煮汁少々を足しながら、なめらかになるまで混ぜる。

4 鍋に戻し、塩少々、生クリームで味を調える。

[アレンジ1]

セロリアックのマッシュポテト

材料　作りやすい分量
セロリアック
__½個(皮をむいて正味230g)
じゃがいも__2個
水__1カップ
バター__20g
塩__適量
生クリーム__少々

a

b

c

[アレンジ2]
チーズ入り マッシュポテト

材料　作りやすい分量
じゃがいも（メークイン）＿２～３個
バター＿80g
にんにくのすりおろし＿少々
生クリーム＿½カップ
塩＿小さじ½
モッツァレラチーズ＿100g（１個）

1 じゃがいもは洗って皮つきのまま水からゆで、皮をむいて熱いうちに裏漉しする。

2 鍋に戻して火にかけ、バターを小さく切って入れ、にんにく、生クリーム、塩を加えて混ぜる。

3 チーズを小さくちぎって加え（a）、練り混ぜるようにして溶かす（b）。

[アレンジ3]
オレンジ マッシュポテト

材料　作りやすい分量
じゃがいも＿大２個
バター＿50g
塩＿小さじ⅓
牛乳＿大さじ１
卵黄＿１個分
オレンジの皮＿½個分
オレンジの搾り汁＿½個分

1 じゃがいもは洗って皮つきのまま丸ごと水からゆで、皮をむいて熱いうちに裏漉しする。

2 鍋に戻して火にかけ、バターを小さく切って入れ、塩、牛乳、卵黄を加えてよく混ぜる。

3 火を止め、オレンジの皮をすりおろして加え（a）、オレンジの搾り汁を加えて（b）、混ぜ合わせる。

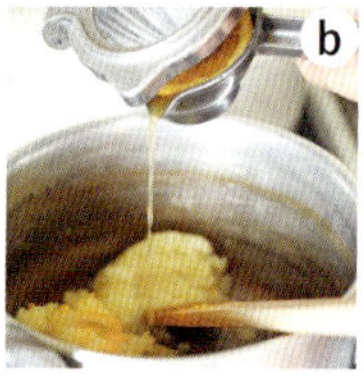

オレンジの香りたっぷり。クロワッサンサンドにしても。

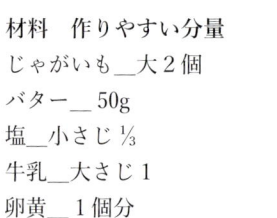

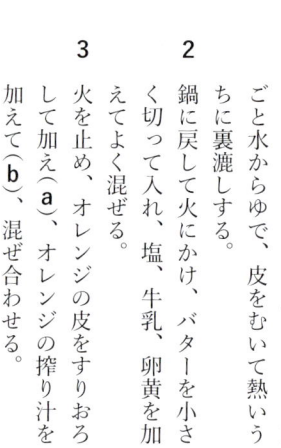

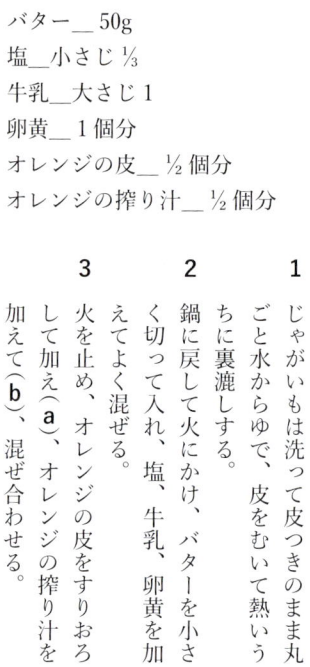

酢とオイルで下味をつけておくのが肝心要

ポテトサラダ

お肉屋さんのポテトサラダ

材料　作りやすい分量
じゃがいも(男爵)＿5個
下味
　オリーブオイル＿大さじ1
　塩、白こしょう＿各少々
　酢＿少々
きゅうり＿1本
玉ねぎ＿¼個
ハム＿3枚
マヨネーズ＿大さじ8
塩、白こしょう＿各適量

1　じゃがいもは洗って皮つきのまま丸ごと蒸し(またはゆで)、熱いうちに皮をむいてボウルに入れてつぶし、オリーブオイル、塩、こしょう、酢を加えて下味をつける(a)。

2　きゅうりは小口切りにして塩少々(分量外)をまぶし、しばらくして水気が出てきたら軽くもんでから水気を絞る。

3　玉ねぎは薄切りにして水にさらし、水気をきり、塩少々(分量外)を加えてしんなりするまでもみ、水気を絞る。ハムは1cm角に切る。

4　1に2と3を入れ(b)、軽く混ぜ、粗熱が取れたらマヨネーズを加えて混ぜ(c)、塩、こしょうで味を調える。

作った次の日のポテトサラダは味が丸くなっていておいしい。サンドイッチにもおすすめ。あればパセリを飾る。

a

b

c

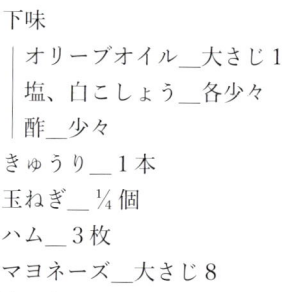

■いろいろなポテトサラダ

シンプルでちょっと贅沢で、おいしさひとしお

自家製マヨネーズのポテトサラダ →作り方は 40 ページ

まろやかな味わいが魅力。オードブルにもなります

レモンアイオリソースのポテトサラダ →作り方は 40 ページ

セロリとりんごで、さわやかな香りと食感

手作りドレッシングのポテトサラダ

→作り方は 41 ページ

新じゃがの季節にぜひ作りたいクイックレシピ

新じゃがのサワークリームサラダ

→作り方は 41 ページ

自家製マヨネーズのポテトサラダ

材料　作りやすい分量
マヨネーズ　作りやすい分量
- 卵黄＿1個分
- 酢＿小さじ½～1
- 塩＿小さじ⅓
- 綿実油、米油などクセのない油＿250mℓ
- 熱湯＿適量
- 砂糖＿一つまみ

じゃがいも（男爵）＿2個
玉ねぎ＿⅙個
パプリカパウダー＿少々

1 マヨネーズを作る。ボウルに卵黄を入れてハンドミキサーで溶きほぐし、酢と塩を加えて混ぜる。油を少しずつ細くたらしながら加えて混ぜ、乳化させていく（a）。100mℓほど加えたら熱湯小さじ1～2を加え、さらに油を加え。100mℓ入ったらまた熱湯を小さじ2ほど加える。

2 残りの油を少しずつ加えて乳化させながら混ぜ、塩少々（分量外）で味を調え、砂糖を加えて混ぜる（b）。

3 じゃがいもは洗って皮つきのまま丸ごと蒸し（またはゆで）、熱いうちに皮をむいてつぶす。玉ねぎはみじん切りにして水にさらし、水気をきって塩少々（分量外）でもみ、水気を絞る。

4 じゃがいもと玉ねぎを合わせ、粗熱が取れたらマヨネーズ大さじ4を加えて混ぜる。器に盛り、パプリカパウダーをふる。

a

b

レモンアイオリソースのポテトサラダ

材料　作りやすい分量
レモンアイオリソース
- にんにく＿½かけ
- 卵黄＿1個分
- オリーブオイル＿大さじ5
- 塩＿小さじ½
- レモンの搾り汁＿小さじ2
- レモンの皮＿1個分

じゃがいも（メークイン）＿2個

1 レモンアイオリソースを作る。すり鉢ににんにくを入れてすりつぶし、卵黄を加え、オリーブオイルを少しずつ加えながらマヨネーズ状に乳化させる。塩、レモンの搾り汁を加え（a）、レモンの皮をすりおろして混ぜる（b）。

2 じゃがいもは洗って皮つきのまま丸ごと蒸し（またはゆで）、熱いうちに皮をむいてボウルに入れ、粗めにつぶす。レモンアイオリソースを加えてあえる。器に盛り、レモンの皮（分量外）を削って散らす。

a

b

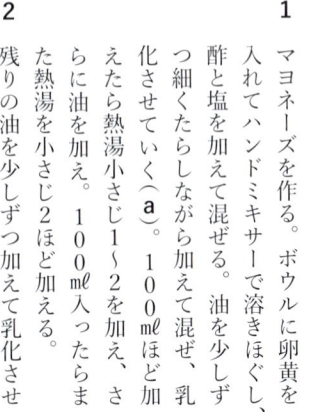

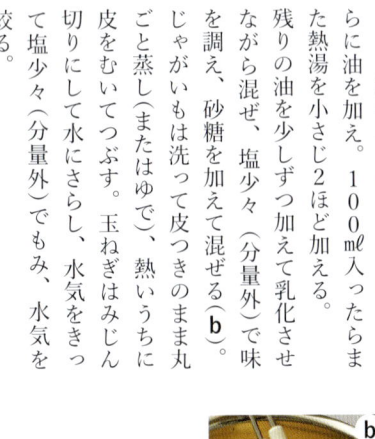

手作りドレッシングのポテトサラダ

材料　作りやすい分量

じゃがいも（メークイン）＿3個
セロリ＿½本
りんご＿½個
フレンチドレッシング
　フレンチマスタード＿小さじ2
　赤ワインビネガー＿大さじ1
　塩、白こしょう＿各少々
　オリーブオイル＿大さじ3
　砂糖＿一つまみ
パセリのみじん切り＿小さじ1

1 じゃがいもは洗って皮つきのまま丸ごと蒸し（またはゆで）、熱いうちに皮をむいて輪切りにする。セロリは小口切りにして塩少々（分量外）をふって水気を絞る。りんごは皮つきのままいちょう切りにする。

2 フレンチドレッシングを作る。ボウルにマスタードとビネガーを入れてよく混ぜ、塩、こしょうを加えてさらにしっかりと混ぜる。オリーブオイルを少しずつ加えて混ぜ（**a**）、最後に砂糖を加えて混ぜる。

3 ボウルに**1**を入れ、**3**のドレッシングを加えてあえ（**b**）、パセリを加えて混ぜる。

新じゃがのサワークリームサラダ

材料　作りやすい分量

新じゃがいも＿8個
塩＿適量
白こしょう＿少々
サワークリーム＿100g
シブレットの小口切り＿適量

1 じゃがいもは洗って皮つきのまま丸ごと蒸し（またはゆで）、熱いうちに皮をむき、塩、こしょうを加えて下味をつける（**a**）。

2 サワークリームをボウルに入れて少しやわらかくなるまで練り、**1**を加えてあえる（**b**）。塩で味を調える。器に盛り、シブレットを散らす。

ニース風サラダ

材料　作りやすい分量
じゃがいも(メークイン)＿2個
卵＿2個
ツナ缶＿小1缶
黒オリーブ＿10個
アンチョビードレッシング
　にんにくのすりおろし＿少々
　白ワインビネガー＿小さじ2
　アンチョビー＿40g
　黒こしょう＿少々
　オリーブオイル＿大さじ3
黒こしょう＿少々

1 じゃがいもは洗って皮つきのまま丸ごと蒸し(またはゆで)、熱いうちに皮をむく。卵は沸騰した湯にそっと入れて、きっかり6分ゆで、水に取って冷ます。ツナは缶汁をきる。

2 アンチョビードレッシングを作る。ボウルににんにくとビネガーを入れ、アンチョビーを加えて泡立て器でつぶすようにしながら混ぜ、こしょう、オリーブオイルを加えてよく混ぜ合わせる(a)。

3 器にじゃがいもを手でざっくりと割って盛り(b)、黒オリーブを散らす。ツナを大きめにほぐしてのせる。ゆで卵の殻をむき、手で半分に割ってのせる(c)。

4 仕上げにアンチョビードレッシングをかけ、こしょうをふる。

a

b

c

アンチョビードレッシングがおいしさの決め手

じゃがいもと好相性、いわしとベーコンで

揚げじゃがいものサラダ

材料　作りやすい分量

新じゃがいもなど小さいじゃがいも＿６～８個
いわし(３枚におろしたもの)＿２尾
塩、黒こしょう＿各少々
ベーコン(薄切り)＿80g
ケイパーの塩漬け＿大さじ２
紫玉ねぎ＿½個
オリーブオイル＿適量
ドレッシング
　赤ワインビネガー＿大さじ２
　塩＿小さじ⅔～１
　黒こしょう＿少々
　オリーブオイル＿大さじ１
パセリのみじん切り＿大さじ１

1 じゃがいもは洗って皮つきのまま丸ごと蒸し(またはゆで)、半分に切る。大きいものはさらに半分に切る。

2 いわしは塩、こしょうをふる。ベーコンは３～４等分の長さに切る。ケイパーは水気を拭く。

3 紫玉ねぎは薄切りにして水にさらし、ザルに上げて水気をしっかりときる。

4 フライパンにオリーブオイルを多めに熱し、じゃがいもを入れ、こんがりするまで揚げる(**a**)。続いてケイパーを入れてさっと揚げ、ペーパータオルにのせて油をきる。ベーコンもカリッとするまで揚げて油をきる。最後にいわしを入れて素揚げする(**b**)。

5 ボウルにじゃがいも、ケイパー、ベーコン、紫玉ねぎを入れ、ビネガー、塩、こしょう、オリーブオイルの順に加えて手で混ぜ(**c**)、味がなじんだら、いわしとパセリを加えてざっとあえる。好みでレモン(分量外)を搾っても。

たらこのうまみとレモンの酸味がベース

タラモサラダ

材料　作りやすい分量
じゃがいも(男爵)＿２個
玉ねぎ＿¼個
たらこ＿１腹
レモンの搾り汁＿大さじ１
塩＿小さじ½
オリーブオイル＿大さじ１
サワークリーム＿大さじ１
レモン＿適量

1 じゃがいもは洗って皮つきのまま丸ごと蒸し(またはゆで)、熱いうちに皮をむき、裏漉す。玉ねぎはみじん切りにして水にさらし、しっかりと水気をきる。たらこは薄皮を除いてほぐす。

2 すり鉢に玉ねぎとたらこを入れ、少しつぶすように混ぜ、レモンの搾り汁を加え、塩、オリーブオイルを入れて混ぜ合わせる。

3 じゃがいもを加えて全体に混ぜて味をなじませ、サワークリームを加えて混ぜる。器に盛り、レモンを添える。

しらすと削り節と梅肉と。箸がすすみます

せん切りじゃがいもの和風サラダ

材料　作りやすい分量

じゃがいも＿3個
梅肉＿大1個分
酢＿小さじ1
太白ごま油＿大さじ1½
塩＿小さじ⅔
しょうゆ＿小さじ1
しらす干し＿大さじ3
削り節(糸削り)＿適量

1 じゃがいもは皮をむいて、ごく細いせん切りにして水にさらし、しばらくしたらザルに上げて広げ、水気をきる。熱湯を数回まわしかけ、透明感が出てきたら、最後に水をかけて冷まし、水気をしっかりと絞る。

2 梅肉をたたいてボウルに入れ、酢、太白ごま油を入れてのばし、塩、しょうゆで味を調える。

3 **1**を加えて味をなじませ、しらす干し、削り節を加えてあえる。

ポテトコロッケ

ラード入りの揚げ油で、サクッと黄金色に

定番ポテトコロッケ

材料　10個分
じゃがいも(男爵)＿4個
玉ねぎのみじん切り＿½個分
サラダ油＿大さじ1
合いびき肉＿150g
塩、白こしょう＿各適量
ナツメグ＿小さじ¼
バター＿大さじ1
生クリーム＿大さじ1
小麦粉、溶き卵、生パン粉＿各適量
揚げ油(サラダ油とラードを半量ずつ)
＿適量
ソース
ウスターソース＿大さじ3
トマトケチャップ＿大さじ3
フレンチマスタード＿小さじ1

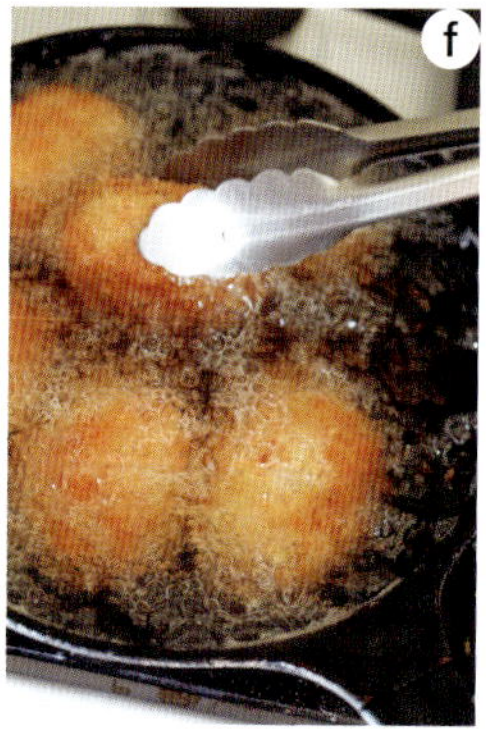

1 フライパンにサラダ油を熱して玉ねぎを炒め、しんなりしてきたらひき肉を加え、色が変わってパラパラになるまで炒める。塩小さじ½、こしょう少々、ナツメグを加えて炒め合わせ、バッドに広げて冷ます。

2 じゃがいもは洗って皮つきのまま丸ごと蒸し、熱いうちに皮をむいてマッシャーなどでつぶし、塩、こしょう各少々をふり、バターと生クリームを加えて混ぜる。

3 **2**に**1**を加えて混ぜ(**a**)、バッドに広げて冷ます(**b**)。

4 10等分にして小判形にまとめ(**c**)、小麦粉をまぶして余分な粉をはたく。溶き卵にくぐらせ、パン粉をたっぷりとつける(**d**)。

5 フライパンに揚げ油を入れて中温に熱し(**e**)、**4**を入れ、全体がこんがりときつね色になるまで揚げる(**f**)。網にのせて油をきる。ソースの材料を混ぜ合わせて添える。

ポテトクリームコロッケ

材料　8個分
じゃがいも(メークイン)＿2個
ベシャメルソース
　バター＿30g
　小麦粉＿40g
　牛乳＿1½カップ
　塩、白こしょう＿各少々
牛ひき肉＿80g
サラダ油＿大さじ1
玉ねぎのみじん切り＿½個分
ハムのみじん切り＿30g
塩＿小さじ½
白こしょう、ナツメグ＿各少々
小麦粉、溶き卵、
　パン粉(細かいもの。p.53参照)＿各適量
揚げ油(サラダ油とラードを半量ずつ)＿適量
パセリ＿適量
トマトソース(下記参照)＿適量

1　ベシャメルソースを作る。鍋にバターを熱し、小麦粉を加えて弱火でよく炒める。牛乳を少しずつ加えてのばし(a)、なめらかに練り、塩、こしょうで味を調える(b)。

2　フライパンにサラダ油を熱して玉ねぎを炒め、ひき肉を加えて色が変わるまで炒める。ハムを加えてさらに炒め、塩、こしょう、ナツメグをふる。

3　じゃがいもは洗って皮つきのまま丸ごと蒸し、熱いうちに皮をむき、マッシャーなどでなめらかにつぶす。**1**を加えてなじませ(c)、**2**を加えて混ぜる(d)。バッドに広げて粗熱を取り、冷蔵庫で1時間ほど冷やしてかためる。

4　**3**を8等分にして俵形にまとめ、小麦粉、溶き卵、パン粉の順に衣をつける。高温に熱した揚げ油できつね色に揚げる。パセリもさっと揚げる。

5　器にコロッケを盛ってトマトソースをかけ、パセリを添える。

トマトソース　作りやすい分量

1　にんにく小2かけはつぶす。玉ねぎ¼個、にんじん¼本、セロリ¼本、ベーコン30gは1cm角に切る。ブールマニエ用のバター20gは室温でやわらかくし、小麦粉20gを混ぜてなめらかにする。

2　鍋にバター20gを熱してにんにくとベーコンを炒め、玉ねぎ、にんじん、セロリを加えてさらによく炒める。

3　水1½カップを加え、沸騰したらアクを取り、トマトペースト大さじ4、砂糖一つまみ、塩小さじ½、白こしょう少々、ローリエ1枚を加え、弱火で15分ほど煮る。漉し器で漉し(ザルに残る野菜類は漉さずに取り除く)、鍋に戻す。

4　**3**を弱火にかけてブールマニエを少しずつ加えて煮立て、とろりとさせる。仕上げにさらにバター20gを小さく切って少しずつ加え、レモンの搾り汁小さじ1を入れる。塩で味を調える。

ちょっと腕まくりして作る、本格クロケット

目の細かいパン粉で揚げると、レストラン風

たらとじゃがいものコロッケ

材料　8個分
じゃがいも(メークイン)＿2個
甘塩たら＿2切れ
長ねぎ＿1本
オリーブオイル＿大さじ2
レモンの搾り汁＿小さじ1
塩、白こしょう＿各適量
小麦粉、溶き卵、パン粉(細かいもの)＿各適量
揚げ油(サラダ油とラードを半量ずつ)＿適量
レモンの薄切り＿8枚
レモンアイオリソース(p.40 参照)＿適量

1 たらは、白ワイン大さじ2、レモン薄切り3枚(各分量外)を加えた熱湯に入れて弱火で1分ほどゆで、火を止めてそのまま冷ます(a)。冷めたら皮と骨を除いてほぐす。

2 長ねぎは小口切りにする。フライパンにオリーブオイル大さじ1を熱して長ねぎをしんなりするまで炒め、1のたらを加えてさっと混ぜ、レモンの搾り汁、塩、こしょう各少々をふって混ぜる。

3 じゃがいもは洗って皮つきのまま丸ごと蒸し、熱いうちに皮をむいてつぶし、塩、こしょう各少々、オリーブオイル大さじ1を加えて混ぜる。2を加えて混ぜ合わせる(b)。

4 パン粉はビニール袋に入れ、上からめん棒で転がして細かくする(c)。フードプロセッサーを使ってもいい。

5 3を8等分にしてボール状に丸く整え、小麦粉、溶き卵、パン粉の順に衣をつけ(d)、高温に熱した揚げ油できつね色に揚げる。

6 器にレモンとレモンアイオリソースを敷き、コロッケをのせる。

a

b

c

d

北欧風のこの組み合わせが絶妙です

鮭とディルのコロッケ

→作り方は56ページ

小さく作ってオードブルやおつまみに

マッシュポテトと
キャラウェイシードのコロッケ

─作り方は 57 ページ

鮭とディルのコロッケ

材料　8個分

じゃがいも(男爵)＿2個
塩鮭＿2切れ
玉ねぎ＿½個
白ワイン＿大さじ1
塩、白こしょう＿各適量
レモンの搾り汁＿小さじ1
バター＿大さじ3
牛乳＿大さじ2
ディル＿1パック
小麦粉、溶き卵、パン粉＿各適量
揚げ油(サラダ油とラードを半量ずつ)＿適量

ヨーグルトソース
プレーンヨーグルト(30分ほど水きりしたもの)＿100g
レモンの搾り汁＿少々
オリーブオイル＿小さじ2
塩＿小さじ¼
黒こしょう　少々

1　塩鮭は皮と骨を除いて6等分くらいに切る。玉ねぎはみじん切りにする。
2　フライパンにバター大さじ1を熱して玉ねぎを炒め、しんなりしたら塩鮭を加えてほぐすようにしながら炒める(**a**)。白ワインを加えて強火でアルコール分を飛ばし、塩、こしょう各少々、レモンの搾り汁を加える。
3　じゃがいもは洗って皮つきのまま丸ごと蒸し、熱いうちに皮をむいてつぶす。バター大さじ2、牛乳を加えて混ぜ、塩小さじ¼、こしょう少々を加える。
4　**3**に**2**を加えて混ぜ(**b**)、ディルを刻んで加える(**c**)。
5　**4**を8等分にして丸く整え、小麦粉、溶き卵、パン粉の順に衣をつけ、高温に熱した揚げ油で色よく揚げる。
6　ヨーグルトソースの材料を混ぜて添える。ディルが残っていたら飾る。

マッシュポテトと
キャラウェイシードのコロッケ

a

b

c

材料　作りやすい分量
じゃがいも(メークイン)＿3個
バター＿20g
生クリーム＿小さじ2
塩、白こしょう＿各少々
キャラウェイシード＿小さじ2
小麦粉、溶き卵、
　パン粉(細かいもの。p.53参照)＿各適量
揚げ油(サラダ油とラードを
　半量ずつ)＿適量

1　キャラウェイシードはフライパンでから炒りして香りを出す。

2　じゃがいもは洗って皮つきのまま丸ごと蒸し、熱いうちに皮をむいてつぶし、鍋に入れる。

3　2を火にかけ、バター、生クリームを加えてなめらかになるまで混ぜ、塩、こしょう、1のキャラウェイシードを少し残して加え、混ぜ合わせる(a)。バッドに広げてしっかりと冷ます。

4　3をピンポン玉くらいの大きさに丸め(b)、小麦粉、溶き卵、パン粉の順に衣をつけ、高温の揚げ油できつね色に揚げる(c)。残しておいたキャラウェイシードをつぶして、散らす。

ポロねぎと玉ねぎを使うのが上級ポイント

ポテトスープ

ヴィシソワーズ

材料　作りやすい分量
じゃがいも(メークイン)＿3～4個
ポロねぎ＿½本
玉ねぎ＿¼個
バター＿30g
水＿2カップ
塩＿小さじ1
牛乳(冷たいもの)＿1½カップ
生クリーム＿80mℓ
シェリー酒＿少々
シブレットの小口切り＿少々

1 じゃがいもは皮をむいていちょう切りにする。ポロねぎは小口切りにし、玉ねぎは薄切りにする。

2 鍋にバターを熱してポロねぎと玉ねぎを炒め、全体にしっとりとしてきたら、じゃがいもを加え、色づかないように弱めの中火で炒める(a)。

3 水½カップを加え、ふたをして弱火にし、15分ほどじっくりと蒸し煮にする。

4 残りの水と塩を加えてさらに5～6分煮る(b)。

5 粗熱が取れたらミキサーに移して攪拌し、なめらかにする(c)。漉しながらボウルに移し、ボウルの底を氷水に当てながら冷やす(d)。

6 牛乳、生クリームを加え(e)、あればシェリー酒をふる。食べる直前まで冷蔵庫で冷やす。

7 器に盛り、シブレットを添える。

じゃがいもとはまぐりのスープ

1 はまぐりは塩水につけて塩抜きし、殻と殻をこすり合わせるようにして洗う。分量の水とともに鍋に入れ、ふたをして火にかけ、口があくまで蒸し煮する。ペーパータオルを敷いた漉し器で漉し、煮汁とはまぐりに分ける(a)。

2 じゃがいもは皮をむいて2cm角に切る。長ねぎは小口切りにし、玉ねぎ、セロリ、ベーコンは1cm角に切る。

3 鍋にバターを熱してベーコンを炒め、脂が出てきたら、長ねぎ、玉ねぎ、セロリを加えてじっくりと炒め、じゃがいもを加えて炒める(b)。

4 はまぐりの煮汁½カップを加え、ふたをして弱火で10分ほど蒸し煮し、小麦粉を加え(c)、全体に混ぜてなじませる。

5 残りの煮汁を少しずつ加えて混ぜ、じゃがいもが完全にやわらかくなるまで煮る。

6 牛乳を加え、塩、こしょうで味を調え、はまぐりを入れる(d)。生クリームを加えて一煮立ちさせて火を止める。

材料　作りやすい分量

じゃがいも＿2〜3個
はまぐり＿400g
水＿3カップ
長ねぎ＿½本
玉ねぎ＿½本
セロリ＿½本
ベーコン(かたまり)＿70g
バター＿20g
小麦粉＿大さじ1
牛乳＿¾カップ
塩＿小さじ⅔
白こしょう＿少々
生クリーム＿50mℓ

a

b

c

d

はまぐりと野菜、ベーコンの、やさしいうまみ

朝食にもおすすめのデイリーな一皿

じゃがいものレモン風味スープ

材料　作りやすい分量

じゃがいも（メークイン）＿2個
長ねぎ＿2本
セロリ＿½本
オリーブオイル＿適量
水＿2½カップ
塩＿適量
レモンの搾り汁＿½個分
レモンの皮＿少々

1 じゃがいもは皮をむいて5㎜厚さの半月切りにする。長ねぎは1㎝幅に切り、セロリは薄切りにする。

2 鍋にオリーブオイル大さじ2を熱して長ねぎをしんなりするまで炒め、セロリを加えてさらに炒める。セロリがしんなりしたら、じゃがいもを加え、全体にしっとりとするまで炒める。

3 水½カップ、塩一つまみを加え、ふたをして弱火で10〜15分蒸し煮する。

4 残りの水を加えて5分ほど煮、レモンの搾り汁を加え、塩で味を調える。器に盛り、レモンの皮を削って散らす。

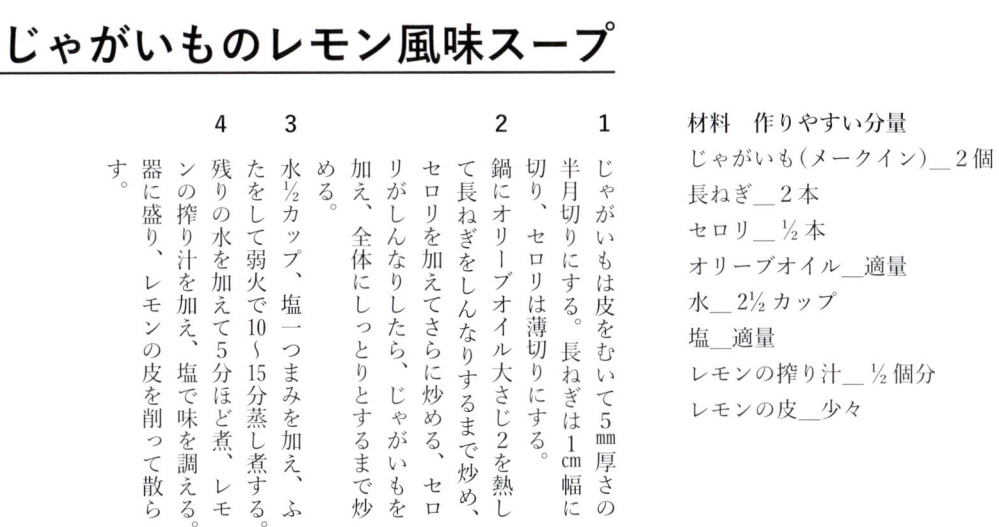

素朴でほっくりとした家庭的な味わい

じゃがいもと白いんげん豆のスープ

材料　作りやすい分量

じゃがいも(メークイン)__2個
白いんげん豆(ゆでたもの＊)__400g
白いんげん豆のゆで汁__2カップ
玉ねぎ__½個
にんにく__1かけ
オリーブオイル__適量
セージ__10枚
水__1カップ
塩__小さじ⅔

＊白いんげん豆(乾燥) 150 g を4倍の水に一晩つけておき、そのままやわらかくゆでる。ゆで汁と一緒においておく。

1 じゃがいもは皮をむいて3㎝角に切る。玉ねぎは薄切りにし、にんにくはつぶす。

2 鍋にオリーブオイル大さじ3とにんにくを入れて火にかけ、にんにくの香りが立ったら玉ねぎを入れてゆっくりと炒める。じゃがいもを加えてさらによく炒める。

3 白いんげん豆と白いんげん豆のゆで汁、セージを加え、ふたをして弱火で15分ほど蒸し煮する。

4 3に分量の水を加えて少し煮、塩で味を調える。器に盛り、オリーブオイル少々をまわしかける。

辛子バターを利かせるのがサンドイッチ名人

ポテトサンドイッチ

薄切りポテトのライ麦サンド

材料　2人分

じゃがいも(メークイン)＿2個
オリーブオイル＿大さじ3
にんにくのすりおろし＿少々
塩＿小さじ¼
パセリのみじん切り＿大さじ1
辛子バター
　バター＿40g
　練り辛子(コールマンズ*)＿小さじ1½
ライ麦食パン
　(キャラウェイシード入り。12枚切り)＿4枚
粒マスタード＿適量
レモンの薄切り＿1枚
きゅうりのピクルス＿適量

*イギリスの代表的マスタード(日本でも購入可)。鼻に抜けるツンとした辛みとコクが特徴で、代用するなら和辛子がよいが、コールマンズより辛味が強いので、量は減らす。

1 じゃがいもは皮をむいて2〜3㎜厚さの輪切りにする。
2 フライパンにオリーブオイルを熱し、じゃがいもを入れてこんがりと炒め、にんにくと塩を加えてさらに炒める。パセリを加えて炒め合わせる(a)。
3 辛子バターの材料は混ぜ合わせる。
4 ライ麦食パンは2枚1組にし、それぞれ片面に辛子バターをぬる(b)。1枚に2を少しずつずらしてたっぷりとのせ、もう1枚には粒マスタードをぬり(c)、サンドする。上から手で押さえて落ち着かせる。
5 パンの耳を切り落として3等分に切り分け(d)、器に盛ってレモンとピクルスを添える。

a

b

c

d

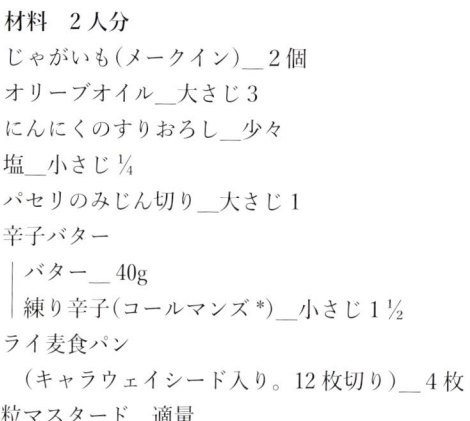

B.L.T.P. サンド

材料　2人分

ベーコン(薄切り)＿6～8枚

トマト＿1個

レタス＿大2枚

自家製マヨネーズのポテトサラダ
(p.40参照)＿¼量

辛子バター

バター＿30g

辛子(コールマンズ*)＿小さじ1

胚芽食パン(8枚切り)＿6枚

*イギリスの代表的マスタード(日本でも購入可)。鼻に抜けるツンとした辛みとコクが特徴で、代用するなら和辛子がよいが、コールマンズより辛味が強いので、量は減らす。

1 ベーコンはフライパンで両面カリッとするまで焼き、ペーパータオルの上にとって脂をきる。トマトは5㎜厚さに切る。レタスはせん切りにして冷水にさらし、ザルに上げて水気をしっかりときる。

2 辛子バターの材料は混ぜ合わせる。

3 胚芽食パンはトーストし、3枚1組にし、それぞれ片面に辛子バターをぬる。

4 1枚目のパンにポテトサラダを厚めにぬり(a)、レタスをのせる(b)。2枚目のパンを重ねてのせ、トマト、ベーコンの順にのせる(c)。3枚目のパンをのせ、上から手で押さえて落ち着かせ(d)、斜め半分に切り分ける。

a

c

b

d

手作りポテトサラダが入ると、おいしさ倍増

ベシャメルソースとチーズも入った、絶品レシピ

コンビーフとポテトのクロック

材料　2人分

- 食パン＿4枚
- マッシュポテト
  - じゃがいも＿2個
  - バター＿30g
  - 牛乳＿60mℓ
- ベシャメルソース
  - バター＿20g
  - 小麦粉＿20g
  - 牛乳＿150mℓ
  - 塩＿小さじ⅓
  - ナツメグ＿少々
- コンビーフ＿100g
- 玉ねぎのみじん切り＿¼個分
- オリーブオイル＿少々
- 黒こしょう＿少々
- グリエールチーズ＿20g

a

c

b

d

1 マッシュポテトを作る。じゃがいもは洗って皮つきのまま水からゆで、熱いうちに皮をむいて裏漉しする。鍋に入れて火にかけ、バターと牛乳を加えてなめらかになるまで混ぜる(**a**)。

2 ベシャメルソースを作る。鍋にバターを熱し、小麦粉を加えて中火でよく炒める。牛乳を少しずつ加えてのばし、なめらかに練り、塩、ナツメグで調味する(**b**)。

3 フライパンにオリーブオイルを熱して玉ねぎを炒め、しんなりしたらコンビーフを加えて炒め合わせ、こしょうをふる。

4 食パンは2枚1組にする。1枚にベシャメルソースを薄くぬり、マッシュポテトを重ねてぬり、**3**をのせ、もう1枚のパンではさむ(**c**)。

5 パンの上にさらにマッシュポテトをぬり(**d**)、ベシャメルソースを重ねてぬる。グリエールチーズをすりおろしてたっぷりとかけ、180℃のオーブンでチーズが溶けて焼き色がつくまで焼く。

フランス・ドフィネ地方の、シンプルなポテトグラタン

オーブンで仕上げる

グラタン・ドフィノア

1 じゃがいもは皮をむいて4㎜程度の薄切りにする。水にはさらさない。

2 鍋に**1**を入れ(**a**)、牛乳をひたひたに注ぎ入れ、塩小さじ½、ナツメグを加え、中火にかける。沸騰したら弱火にし、ときどき鍋底を軽く混ぜながら、じゃがいもがやわらかくなるまで煮る。じゃがいもがやわらかくなるとくずれやすいので注意。

3 牛乳が煮詰まってとろみが出たら(**b**)、味をみて、塩少々、こしょうで調える。

4 耐熱皿ににんにくの切り口をこすりつけ(**c**)、バターをぬる。**3**を煮汁ごと入れてならし、生クリームをまわしかける。

5 グリエールチーズをすりおろしてたっぷりとかけ、200℃のオーブンで15～20分焼く。

材料　作りやすい分量

じゃがいも(メイクイーン)＿6個
牛乳＿約2カップ
塩＿適量
白こしょう、ナツメグ＿各少々
にんにく＿½かけ
バター＿20g
生クリーム＿80～100㎖
グリエールチーズ＿80g

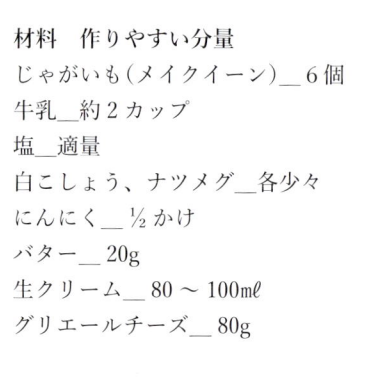

ヤンソンの誘惑

材料　作りやすい分量
じゃがいも＿３〜４個
玉ねぎ＿大２個
アンチョビー＿30g
オリーブオイル＿大さじ２
塩、白こしょう＿各少々
生クリーム＿200〜300mℓ

1 じゃがいもは皮をむいて５㎜角の拍子木切りにする。玉ねぎは皮をむいて薄切りにする。同じくらいのカサにするのがポイント（**a**）。

2 アンチョビーはペーパータオルの上にのせて油をきる。

3 フライパンにオリーブオイルを熱して玉ねぎを炒め、しんなりとして透明になってきたら、じゃがいもを加え、じゃがいもの表面が透明になるまでさらに炒める。塩、こしょうをふる。

4 耐熱皿にバター少々（分量外）をぬり、**3**の半量を入れ、アンチョビーを放射線状におき（**b**）、残りの**3**をのせてならす。一番上はじゃがいもにする。

5 耐熱皿の８分目くらいまで生クリームを注ぎ入れ（**c**）、１７０℃のオーブンで30〜40分焼く。

a

b

c

スウェーデンの家庭料理。グラタン料理の傑作

秋にぜひ作りたい、ホクホクの組み合わせ

じゃがいもと栗のグラタン

材料　作りやすい分量
じゃがいも＿３～４個
栗＿１kg
ベシャメルソース
　バター＿40g
　小麦粉＿40g
　牛乳＿３カップ
　塩、こしょう＿各少々
生クリーム＿¼カップ
塩、白こしょう＿各少々
グリエールチーズ＿60g

1 栗は頭の部分に切り目を入れ、たっぷりの水で40～50分ゆでて、鬼皮と渋皮をむく。じゃがいもは洗って皮つきのまま丸ごとゆで（または蒸し）、皮をむいて乱切りにする。

2 ベシャメルソースを作る。鍋にバターを熱し、小麦粉を加えて弱火でよく炒める。牛乳を少しずつ加えてのばし、なめらかに練り、塩、こしょうで味を調える。

3 **2**に生クリームを加えて混ぜる。

4 ボウルに栗とじゃがいもを合わせて軽く塩、こしょうをし、**3**を加えて混ぜる。

5 耐熱皿にバター少々（分量外）をぬって**4**を入れ、グリエールチーズをすりおろしてかけ、２００℃のオーブンで15～20分焼く。

チリとチーズを詰めてオーブンへ

スタッフドポテト

材料　作りやすい分量
じゃがいも__6個
チリ
- にんにくのみじん切り__1かけ分
- 玉ねぎのみじん切り__½個分
- 牛ひき肉__100g
- オリーブオイル__大さじ1
- スパイス
  - チリパウダー__小さじ½
  - カイエンヌペッパー__少々
  - クミンパウダー__小さじ½
  - 黒こしょう__少々
- トマトピューレ__½カップ
- 塩__少々

チェダーチーズ__40g
塩、粗びき黒こしょう__各適量

1 じゃがいもは洗って皮つきのまま丸ごとゆでる。横にして、上部⅓くらいを切り落とし、詰めものができるように、外側を5㎜ほど残して切り目を入れ、中をくり抜く。切り落とした部分とくり抜いた部分は皮をむいて小角切りにする。

2 チリを作る。フライパンにオリーブオイルを熱してにんにくと玉ねぎを炒め、しんなりしたらひき肉、1の小角切りにしたじゃがいもを加えて炒める。スパイスを加えて香りが出たら、トマトピューレを入れて5分ほど煮詰め、塩で味を調える。

3 くり抜いたじゃがいもに2を詰め、チェダーチーズを削ってのせ、天板に並べて180℃のオーブンで15分ほど焼く。塩、こしょうをふる。

ウスターソースと卵黄入りで、こっくりとした味わい

じゃがいものタルタルソース焼き

材料　作りやすい分量
じゃがいも(メークイン)__3個
タルタルソース
　ゆで卵__2個
　スイートピクルス__1本
　卵黄__1個分
　マヨネーズ__大さじ5
　ウスターソース__小さじ½
　塩__少々
塩、白こしょう__各少々
パン粉(細かいもの。p.53参照)
　__大さじ2
パセリのみじん切り__少々

1　じゃがいもは洗って皮つきのまま丸ごとゆでる。横にして、上部⅓くらいを切り落とし、食べやすいようにかのこに切り込みを入れる。切り落とした部分も取っておく。

2　タルタルソースを作る。ゆで卵、ピクルスをみじん切りにしてボウルに入れ、卵黄、マヨネーズ、ウスターソース、塩で調味する。

3　**1**のじゃがいもを耐熱皿にのせ、軽く塩、こしょうをし、**1**の切り落とした部分も耐熱皿の空いたところにおく。180℃のオーブンで10分焼く。

4　**3**にタルタルソースをたっぷりとのせ、パン粉を散らし、さらに10分ほど焼く。パセリをふる。

オイルに移った清涼感のある強い香りがアクセント

じゃがいものローズマリー焼き

材料　作りやすい分量
じゃがいも＿３～４個
ローズマリー＿２本
塩＿適量
黒こしょう＿少々
オリーブオイル＿大さじ２～３

1　じゃがいもは洗って皮ごと乱切りにする。

2　耐熱容器またはオーブン使用可の鍋にオリーブオイル少々（分量外）をぬり、じゃがいもを並べ入れ、ローズマリーをのせ、塩、こしょう各少々をふる。オリーブオイルをまわしかける。

3　190℃のオーブンで30分ほど焼く。仕上げに塩をふる。

ひき肉とマッシュポテトの相性は抜群です

c

a

b

材料　作りやすい分量

牛ひき肉＿300g
玉ねぎ＿½個
にんじん＿⅓本
にんにく＿1かけ
オリーブオイル＿大さじ2
塩＿小さじ½
黒こしょう＿少々
小麦粉＿大さじ1
シナモンパウダー、ナツメグ＿各少々
タイム＿5本
水＿½カップ
トマトピューレ＿大さじ2
リーペリンソース＿小さじ2
マッシュポテト
　じゃがいも＿大3個
　バター＿30g
　牛乳＿¼カップ
　塩＿小さじ½
チェダーチーズ＿50g

コテージパイ

1 玉ねぎ、にんじん、にんにくはみじん切りにする。鍋にオリーブオイルを熱して玉ねぎ、にんにくを炒め、玉ねぎがしんなりしたら、にんじんを加えてしっとりとするまで炒める。

2 ひき肉を加え、全体に色が変わるまで炒め、塩、こしょうをふる。小麦粉、シナモンパウダー、ナツメグを入れ、タイムの葉を刻んで加え、さらに炒める。

3 分量の水を注ぎ入れ、水分が少なくなるまで10分ほど煮、トマトピューレ、リーペリンソースを加えて混ぜる（**a**）。

4 マッシュポテトを作る。じゃがいもは洗って皮つきのまま丸ごとゆで（または蒸し）、熱いうちに皮をむいてつぶし、鍋に入れる。火にかけ、バター、牛乳を加えてなめらかになるまで混ぜ、軽く塩をして薄味に調える（**b**）。

5 耐熱皿にバター少々（分量外）をぬり、**3**を入れ、覆うようにして**4**を重ねてのせる。表面をならし（**c**）、チェダーチーズをすりおろしてのせる。180℃のオーブンで10〜15分焼く。

ベッコフ

材料　作りやすい分量

牛バラ肉(かたまり)__400g
豚肩ロース肉(かたまり)__300g
ラムチョップ__4本
マリナード
- 玉ねぎの薄切り__½個分
- にんじんの薄切り__1本分
- にんにく(つぶしたもの)__2かけ分
- 黒粒こしょう__10粒
- クローブ__3粒
- ローリエ__2〜3枚
- パセリの軸__適量
- セロリの葉__1本分
- タイム__3〜4本
- 白ワイン(リースリング)__1本

塩、黒こしょう__各適量
オリーブオイル__大さじ2
じゃがいも__6〜7個
玉ねぎ__½個
ラード__適量
ブーケガルニ*__1束

*タイム、ローリエ、パセリの軸、セロリの葉などをたこ糸で縛る。

1 牛肉、豚肉は4〜5㎝角に切る。ラムチョップ、マリナードの材料とともに保存袋に入れ、冷蔵庫で一晩マリネする(**a**)。

2 **1**の肉を取り出して汁気を拭き取り、塩、こしょうをしっかりめにする。マリナードはザルで漉して取りおく。フライパンにオリーブオイルを熱し、**2**の肉の表面をしっかりと焼く。

3 じゃがいもは皮をむいて2㎝幅の輪切りにする。玉ねぎは薄切りにする。

4 耐熱容器またはオーブン使用可の鍋にラードをたっぷりめにぬり、じゃがいもの半量と玉ねぎを入れ(**b**)、

5 **3**の肉をのせ、ブーケガルニと残りのじゃがいもをのせる。**2**の漉したマリナードをひたひた程度まで注ぎ(**c**)、足りなければ新たに白ワイン(分量外)を足す。

6 ふたをし、小麦粉と水を練り合わせたもの(分量外)を、ふたの縁にぴったりと密着させる(**d**)。天板にのせ、200℃のオーブンで1時間半ほど蒸し煮する。オーブンから取り出して、ふたに密着させた小麦粉を割り落とす。

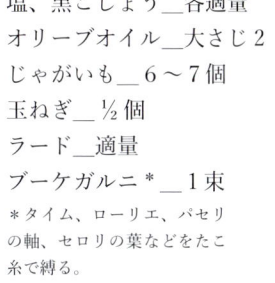

3種類の肉を使った、ちょっと贅沢な一皿

ふんわり軽い食べ心地。焼きたてを召し上がれ

じゃがいもとかにのスフレ

材料　作りやすい分量
かに(ゆでたもの)＿正味100g
レモンの搾り汁＿小さじ1
卵＿3個
じゃがいも(男爵)＿3個
バター＿30g
牛乳＿120mℓ
生クリーム＿80mℓ
パルメザンチーズのすりおろし＿大さじ3
塩＿適量
ナツメグ＿少々

b

a

c

d

1 かにはほぐしてレモンの搾り汁をまぶす。卵は卵黄と卵白に分ける。

2 じゃがいもは洗って皮つきのまま丸ごとゆで、熱いうちに皮をむいてつぶす。鍋に入れて火にかけ、バター、牛乳を加えてなめらかになるまで混ぜ、生クリーム、パルメザンチーズを加えて混ぜ合わせる。火を止める。

3 2にかにを加えて混ぜ、塩少々、ナツメグ、卵黄を加えて混ぜる(a)。そのまま少し冷ます。

4 別のボウルに卵白を入れ、塩一つまみを加え、角がピンと立つまでしっかりと泡立て器で泡立てる。⅓量を3に加えて混ぜ合わせ(b)、残りの卵白もすべて加えたら、ゴムベラで手早く混ぜ合わせる。

5 耐熱性のココットなどの側面にバター少々(分量外)をぬり、パルメザンチーズのすりおろし適量(分量外)を内側にまぶす(c)。4を入れ(d)、天板に並べ、180℃のオーブンで15分ほど焼く。

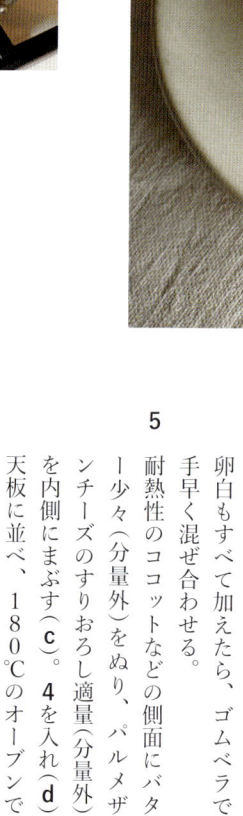

野菜は潔くじゃがいもだけ。ほんのりカレー風味

じゃがいものキッシュ

→作り方は86ページ

レバーやマッシュルームも入れて奥行きのある味に

じゃがいもとゆで卵入りミートパイ

—作り方は 87 ページ

材料　直径18㎝のタルト型1台分

パータ・ブリゼ
- 小麦粉＿100g
- バター＿50g
- グラニュー糖＿5g
- 塩＿小さじ¼
- 卵黄＿½個分
- 冷水＿大さじ2

じゃがいも（メークイン）＿3個
オリーブオイル＿大さじ2～3
塩＿小さじ⅓
黒こしょう＿少々
カレー粉＿小さじ½

アパレイユ
- 卵＿1個
- 卵黄＿1個分
- 生クリーム＿½カップ
- 牛乳＿大さじ2
- 塩＿小さじ½
- 白こしょう＿少々
- ナツメグ＿小さじ⅓
- グリエールチーズのすりおろし＿60g

パルメザンチーズのすりおろし＿大さじ1

a

c

b

d

じゃがいものキッシュ

1 パータ・ブリゼを作る。バターは2㎝角に切って冷やす。ボウルに小麦粉、グラニュー糖、塩を入れて混ぜ、バターを加えてカードなどで切るように混ぜる。卵黄と冷水を混ぜ合わせて加え、全体がまとまるまで混ぜる（**a**）。ラップで包んで冷蔵庫で1時間以上休ませる。

2 タルト型にバター少々（分量外）をぬり、**1**を打ち粉（分量外）をした台にのせてめん棒で直径24㎝くらいに丸くのばして敷き込む。側面を指で押さえて型になじませ、縁から1㎝くらい上までくるようにする。オーブンシートを敷いて重しをのせ（**b**）、180℃のオーブンで20～30分焼く。

3 じゃがいもは洗って皮つきのまま丸ごとゆで、熱いうちに皮をむき、5㎜厚さの輪切りにする。フライパンにオリーブオイルを熱し、じゃがいもを入れて両面焼き、塩、こしょう、カレー粉を加える。

4 アパレイユの材料はすべてボウルに入れて混ぜる。

5 から焼きした**2**にじゃがいもをぐるりと並べ（**c**）、アパレイユを流し入れ（**d**）、パルメザンチーズを散らす。200℃のオーブンで20分ほど焼く。

じゃがいもとゆで卵入りミートパイ

材料　8個分

じゃがいも＿2個
牛ひき肉＿100g
鶏レバー＿50g
玉ねぎ＿½個
にんにく＿1かけ
マッシュルーム＿5個
バター＿10g

スパイス
- ナツメグ＿小さじ¼
- シナモンパウダー＿小さじ¼
- クローブ＿少々

塩＿小さじ1
黒こしょう＿少々

オリーブオイル＿大さじ1
パセリのみじん切り＿大さじ3
セージのみじん切り＿大さじ1
生クリーム＿大さじ2
ゆで卵＿2個
冷凍パイシート＿4枚
卵液（卵黄1個分＋水小さじ2＋砂糖少々）＿適量

1 じゃがいもは洗って皮つきのまま丸ごとゆで、皮をむいて粗めにつぶす。

2 鶏レバーは氷水に10分ほどつけ、筋や血合いなどを取り除き、みじん切りにする。玉ねぎ、にんにくはみじん切りにする。マッシュルームは石づきを取ってみじん切りにし、バターを熱したフライパンで炒め、バットに広げて粗熱を取る。

3 ボウルにひき肉、2、スパイス、塩、こしょうを入れ（a）、練り混ぜる。

4 フライパンにオリーブオイルを熱し、3を入れ、半分ほど火が入る程度にさっと炒め、じゃがいもを加えて混ぜる（b）。ボウルに取り出して粗熱を取り、パセリ、セージ、生クリーム、ゆで卵を粗みじん切りにして加えて混ぜる（c）。

5 パイシートを半解凍の状態で十字に4等分に切り、2枚1組にする。4を適量ずつのせ、パイシートのまわりに卵液をぬってしっかりとはさむ（d）。縁をフォークでさらに押さえて留める。

6 上面にも卵液をぬり、オーブンシートを敷いた天板に並べ、200℃のオーブンで20分ほど焼く。

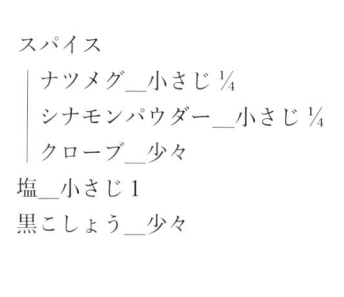

小さめのフライパンで厚めに焼くのが醍醐味

フライパンで仕上げる

スパニッシュオムレツ

材料　直径18～19㎝のフライパン1台分
じゃがいも＿3個
玉ねぎ＿½個
卵＿6個
オリーブオイル＿適量
塩＿小さじ½

c

d

a

b

1　じゃがいもは皮をむいて薄切りにし、ザルに入れて洗い、水気をしっかりときる。玉ねぎは2㎝角に切る。

2　大きめのフライパンにオリーブオイル大さじ2を熱し、玉ねぎを入れてしんなり透明になるまで炒め、いったん取り出す。

3　2のフライパンにオリーブオイルを多めに足し、じゃがいもを入れ、揚げ焼きするような感じで火を通していく(a)。じゃがいもがやわらかくなったら、玉ねぎを戻してざっと混ぜる。ザルに上げて油を軽くきる。

4　ボウルに卵を割りほぐし、3を加え、塩を入れ、じゃがいもが少しつぶれるくらいに混ぜる(b)。

5　直径18～19㎝のフライパンにオリーブオイル大さじ2を入れてなじませ、4の卵液を少量だけ残して流し入れる。強火にして一気にかき混ぜ、少し火が通ってきたら火を弱めて焼く。

6　底面に焼き色がついて側面も少しかたまってきたら、皿などをかぶせてひっくり返し(c)、そのままフライパンにすべり入れ、裏面も焼く。じゃがいもが見えている凹凸のある部分に、残しておいた卵液をハケなどでぬる(d)。ひっくり返して卵液をぬる作業もう1～2回繰り返し、仕上げる。

鶏肉とじゃがいものフリカッセ

材料　作りやすい分量
鶏ぶつ切り肉(骨つき)＿500～600g
鶏肉の下味
｜塩＿小さじ1
じゃがいも(メークイン)＿3個
ベーコン(かたまり)＿120g
マッシュルーム＿1パック
エシャロット＿1個
バター＿30g
オリーブオイル＿大さじ2
塩、黒こしょう＿各適量
セルフィーユ(葉先)＿1パック分
エストラゴン(葉先)＿1パック分

1 鶏肉は塩をまぶして1時間ほどおき、出てきた水分はペーパータオルで拭く。

2 じゃがいもは皮をむいて2cm角に切る。水にはさらさない。ベーコンは1cm角に切り、マッシュルームは石づきを取って半分に切る。エシャロットはみじん切りにする。

3 大きいフライパンにバター10gを熱し、鶏肉を入れて両面こんがりと色づくまで焼く。ふたをして弱火にし、蒸し焼きにして中まで火を通す。バットに取り出す(a)。

4 3のフライパンにバター20gを足し、じゃがいもを入れ(b)、全体にこんがりと色づくまで炒めて、中まで火を通す。塩少々をふり、バットに取り出す。

5 4のフライパンにオリーブオイルを熱し、ベーコン、エシャロットを炒め、ベーコンから脂が出てきたらマッシュルームを加えて炒め合わせ、塩少々をふる。

6 鶏肉とじゃがいもを戻し入れ(c)、塩、こしょうをして炒め合わせる。セルフィーユ、エストラゴンを加え(d)、全体に混ぜ合わせる。

肉とベーコンのうまみがじんわりしみた、じゃがいもが美味

細切りじゃがいもを、丸く平たくカリッと焼き上げます

じゃがいものガレット

材料　作りやすい分量

じゃがいも(メークイン)＿3～4個
塩、白こしょう＿各少々
バター＿50g
小麦粉＿大さじ1
にんにく＿½かけ
パセリのみじん切り＿少々

1 じゃがいもは皮をむいて細切りにする(**a**)。水にはさらさない。ボウルに入れ、塩、こしょうを加えてざっと混ぜ合わせ、しばらくおき、水気が出てきたら手でギュッと絞る(**b**)。

2 バターは耐熱ボウルなどに入れ、湯せんにかけて溶かす。

3 **1**に**2**の溶かしバター小さじ1、小麦粉、にんにくをすりおろして加え、混ぜる。

4 小さめのフライパンに**2**の溶かしバター大さじ3をひいて弱火にかけ、**3**を入れ、ヘラなどで軽く押さえながら焼く(**c**)。うっすらと焼き色がついてきたらひっくり返す。ヘラで押さえながら焼いてひっくり返す作業を1～2回繰り返す。

5 フライパンのバターを一度ペーパータオルなどで軽く吸い取り、新たに**2**の残りの溶かしバターを入れ、両面しっかりと焼き色がつき、カリッとするまで焼く。仕上げにパセリをふる。

a

b

c

サクッ、カリッとした香ばしさの、クセになる一口サイズ

テイタートッツ

材料　作りやすい分量
じゃがいも＿3個
塩＿小さじ⅓
黒こしょう＿小さじ¼
溶かしバター＿30g分
パセリのみじん切り＿大さじ2
小麦粉＿大さじ2～3
揚げ油＿適量
トマトケチャップ＿適量

1 じゃがいもは皮をむき、チーズおろしなどで細切りにする。塩少々(分量外)を加えた湯で3～5分ゆでてザルに上げ、水気をしっかりと絞る。

2 ボウルに1を入れ、塩、こしょう、溶かしバター、パセリ、小麦粉を加えてよく混ぜ合わせ、一口程度の俵形に丸める。

3 揚げ油を高温に熱し、2を入れてカリッときつね色に揚げる。

4 油をきって器に盛り、好みで塩(分量外)をふり、トマトケチャップを添える。

精肉店の揚げものコーナーにあった、ちょっぴり懐かしい一皿

じゃがいものパン粉フライ

材料　作りやすい分量
じゃがいも(男爵)＿3個
小麦粉、溶き卵、パン粉(細かいもの。p.53参照)＿各適量
揚げ油＿適量
リーペリンソース＿適量

1 じゃがいもは洗って皮つきのまま丸ごとゆで(または蒸し)、熱いうちに皮をむき、4〜6等分に切る。

2 小麦粉、溶き卵、パン粉の順に衣をつける。

3 揚げ油を高温に熱し、**2**を入れ、カリッときつね色に揚げる。

4 油をきって器に盛り、好みで塩(分量外)をふり、リーペリンソースを添える。

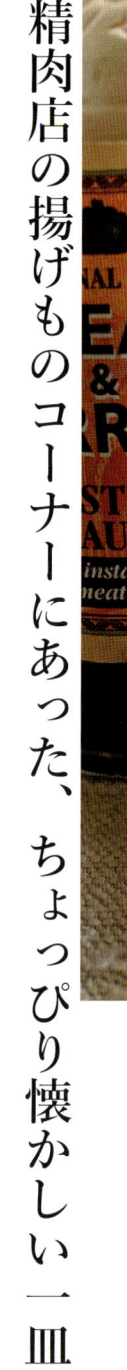

じゃがいもとディルのサブジ

材料　作りやすい分量
じゃがいも＿小３個
にんにく＿２かけ
ディル＿１パック
サラダ油＿大さじ２
マスタードシード（黒）＿小さじ１
ターメリック＿小さじ¼
塩＿小さじ⅔

1 じゃがいもは皮をむいて２〜３㎝角に切る。にんにくはみじん切りにする。ディルは刻む。

2 フライパンにサラダ油、マスタードシード、にんにくを入れて火にかけ、香りが立つまでゆっくりと炒める。

3 じゃがいもを加えて表面がカリッとするまでさらに炒め、中まで火を通す。

4 ターメリック、塩を加えて炒め合わせ、最後にディルを加えてざっと混ぜる。

じゃがいもとグリーンピースのサブジ

材料　作りやすい分量
じゃがいも＿３個
グリンピース＿正味60g
スパイスペースト
　ターメリックパウダー＿小さじ⅓
　赤唐辛子（種を取ったもの）＿２本
　にんにく＿１かけ
　ミントのみじん切り＿大さじ１
　香菜のみじん切り＿大さじ２
　塩＿小さじ⅔
　レモンの搾り汁＿大さじ２
サラダ油＿大さじ３
クミンシード＿小さじ１
塩＿少々

1 じゃがいもは皮をむいて２〜３㎝角に切る。

2 スパイスペーストを作る。すり鉢などにレモンの搾り汁以外の材料を入れてつぶし、レモンの搾り汁を少しずつ加えながら混ぜ、ペースト状にする。

3 フライパンにサラダ油を熱し、じゃがいもを入れ、揚げ焼きするように炒める。クミンシードを加えてさらに炒め、ふたをして、じゃかいもがやわらかくなるまで火を通す。グリンピースを加え、さらに２分ほど火を通す。

4 スパイスペーストを加えて強火で炒め合わせ、塩で味を調える。

シンプルなのにこんなにおいしい

インドで教わった家庭料理

じゃがいもをすりおろして作るから、モチッとした口当たり

材料　作りやすい分量
じゃがいも__3個
塩、白こしょう__各少々
ごま油__大さじ2
春菊の葉先__適量
糸唐辛子__適量
薬味じょうゆ
にんにくのみじん切り__1かけ分
長ねぎのみじん切り__5㎝分
酢__大さじ2
しょうゆ__大さじ2
粉唐辛子__小さじ½
白炒りごま__小さじ1

じゃがいものチヂミ

1 じゃがいもは皮をむいてすりおろす(a)。ボウルにザルを重ね、じゃがいもをザルに入れて自然に水気をきる。ボウルにたまった水分をしばらくおき、デンプンを沈殿させる(b)。水分を捨てて沈殿したデンプンだけを使う。

2 ボウルに1のじゃがいもを入れ、デンプンを加え(c)、塩、こしょうをしてよく混ぜ合わせる。

3 フライパンにごま油を熱し、2を小さく丸く落とし、表面に春菊をのせる。底面が色がついたらひっくり返し(d)、両面こんがりと焼いて中まで火を通す。

4 器に盛って糸唐辛子をのせ、薬味じょうゆを添える。

じゃがいものかき揚げ

a

b

c

材料　作りやすい分量

じゃがいも（男爵いも、紫じゃがいも）＿各３個
岩のり＿８g
パセリ＿１枚
小麦粉＿適量
衣
　小麦粉＿ 90g
　冷水＿ 120mℓ
　塩＿一つまみ
揚げ油＿適量
塩＿適量

1 じゃがいもはどちらも皮をむいて２cm角に切り、ボウルに入れる。岩のりは手で細かくし、パセリは粗みじん切りにする（a）。

2 男爵いもには岩のりを加え、小麦粉適量をまぶす。紫じゃがいもにはパセリを加え、小麦粉適量をまぶす（b）。

3 小麦粉に冷水と塩を加え、さっくりと混ぜ合わせて衣を作る。

4 小さなボウルに**2**と**3**を少しずつ合わせ、やや高温に熱した揚げ油にスプーンなどで落とし入れ（c）、ときどき上下を返しながらカリッとするまで揚げる。残りも同様にして揚げ、２種類のかき揚げを作る。

5 器に盛り合わせ、塩を添える。

男爵いもと岩のり、紫いもとパセリ。二通りの楽しみ方

黒酢を入れるとうまみ倍増、味も締まります

じゃがいものきんぴら風

材料　作りやすい分量
じゃがいも（男爵）＿3個
ごま油＿大さじ2
酒＿大さじ2
しょうゆ＿大さじ2
みりん＿大さじ2
黒酢＿小さじ2
白炒りごま＿小さじ2

1　じゃがいもは皮をむいて棒状に切り、水に30分ほどさらす。途中、何度か水を替え、30分たったらザルに上げて水気をきる。

2　フライパンにごま油を熱し、**1**の水気をきって入れ、表面が少し透明になるまで炒める。

3　酒、しょうゆ、みりんを加えて炒め合わせ、最後に黒酢をまわしかける。火を止めてごまを加えてざっと混ぜる。

山盛り食べたい、サラダのような炒めもの

じゃがいものシャキシャキ炒め

材料　作りやすい分量
じゃがいも(男爵)＿２個
ピーマン＿２個
しょうが＿大１かけ
太白ごま油＿大さじ２
酒＿大さじ２
塩＿小さじ ⅓
しょうゆ、白こしょう＿少々
ごま油＿少々

1 じゃがいもは皮をむいて薄切りしてからせん切りにし、水に30分ほどさらす。途中、何度か水を替え、30分たったらザルに上げて水気をきる。

2 ピーマンは種を取ってせん切りにし、しょうがも皮をむいてせん切りにする。

3 フライパンに太白ごま油を熱してしょうがを炒め、香りが立ったらじゃがいも、ピーマンを加え、じゃがいもが少し透明になるまで強火で炒める。

4 酒、塩、しょうゆ、こしょうを加えて炒め合わせ、仕上げにごま油をさっとまわしかける。

鍋で仕上げる

ラムとじゃがいもを煮込んだ、アイルランドの素朴な料理

アイリッシュシチュー

材料　作りやすい分量
ラムチョップ＿６本
塩、白こしょう＿各適量
じゃがいも(男爵)＿３個
玉ねぎ＿１個
にんじん＿１本
セロリ＿１本
バター＿30g
パセリのみじん切り＿大さじ１
タイム＿１～２本
水＿２カップ

a

b

c

1 ラム肉は塩、こしょうを強めにふる。じゃがいもは皮をむいて2～4つ割りにし、玉ねぎは5～6㎜幅の薄切りにする。にんじんは皮をむいて2～3㎝幅の輪切りにし、大きいものは半月切りにする。セロリは2～3㎝幅に切る。

2 鍋にバターを熱してラム肉を並べ入れ、表面を焼きつけ、いったん取り出す。

3 **2**の鍋に玉ねぎ、にんじん、セロリを入れ、しんなりするまで炒め、じゃがいもを加えて油がまわるまで炒める(**a**)。

4 パセリ、タイムを加え、ラムを戻し入れ、分量の水を注ぎ入れる(**b**)。ふたをして50分～1時間弱火で煮る。塩、こしょうで味を調える(**c**)。

じゃがいものキーマカレー

材料　作りやすい分量

鶏ひき肉＿400g
玉ねぎ＿1個
にんにく＿3かけ
しょうが＿1かけ
トマト＿2個
バター＿40g
スパイス
　パプリカパウダー＿小さじ⅓
　クミンパウダー＿小さじ1
　コリアンダーパウダー＿小さじ1
　ターメリック＿小さじ2
　チリパウダー＿小さじ½
　ガラムマサラ＿小さじ1
水＿2カップ
じゃがいも＿2個
さやいんげん＿20本
サラダ油＿適量
塩＿小さじ1½
黒こしょう＿少々
ご飯、ゆで卵＿各適量

a

b

c

1
玉ねぎは5㎜角に切り、にんにく、しょうがはみじん切りにする。トマトは1㎝角くらいに切る。鍋にバターを熱し、にんにくとしょうがをじっくりと炒め、玉ねぎを加えてしんなりとするまで炒める。トマトを加え、つぶしながらなじませるように炒める。

2
ガラムマサラ以外のスパイスを加えて香りが出るまで炒め、ひき肉を加える(**a**)。色が変わるまで炒めたら、分量の水を注ぎ入れ、ときどき混ぜながら強火で15分～20分炒め煮にする。

3
じゃがいもは皮をむいて一口大に切り、さやいんげんは1㎝幅の小口切りにする。フライパンに多めのサラダ油を熱し、じゃがいもを入れてこんがりと色づくまで揚げ焼きにし(**b**)、取り出す。続いて、さやいんげんを入れて揚げ焼きにして取り出す。

4
2に**3**のじゃがいもを加え(**c**)、さやいんげんも入れて一煮する。仕上げにガラムマサラ、塩、こしょうを加えて混ぜる。

5
ご飯とともに器に盛り、ゆで卵をフォークでくずして添える。

揚げ焼きにしたじゃがいもがおいしい、煮込まないカレー

コチュジャン風味のみそスープで煮込んだ、ご飯のおかず

カムジャタン

材料　作りやすい分量

豚スペアリブ(ショートサイズ)＿800g
じゃがいも(男爵)＿３個
キャベツ＿大３～４枚
長ねぎ＿１本
しょうが＿大１かけ
にんにく＿２かけ
水＿5½カップ
しょうゆ＿大さじ３
コチュジャン＿大さじ２
粉唐辛子＿大さじ２～３
焼酎＿½カップ
みそ＿大さじ２
塩＿小さじ１
白すりごま＿大さじ３
えごまの葉＿10枚

c

a

b

1 スペアリブはたっぷりの水(分量外)とともに鍋に入れて火にかけ、煮立ったらゆでこぼし、さっと水洗いする。

2 じゃがいもは皮をむいて2～4等分に切る。キャベツは大きめのざく切りにし、長ねぎは斜め薄切りにする。しょうがは薄切りにし、にんにくはつぶす。

3 **1**のスペアリブを鍋に戻し、しょうが、にんにく、分量の水を入れて火にかけ、アクが出たら取り除き、ふたをして弱火で1時間ほど煮る。

4 しょうゆ、コチュジャン、粉唐辛子、焼酎を混ぜ合わせて**3**に加え(**a**)、長ねぎ、じゃがいもを加え(**b**)、じゃがいもがやわらかくなるまで煮る。途中、キャベツも加える。

5 みそ、塩、ごまをボウルに合わせ、**4**のスープ適量でのばし、**4**の鍋に加える。塩、しょうゆ各少々（分量外)で味を調える。仕上げにえごまの葉を加えてさっと煮る(**c**)。

a

b

c

材料　作りやすい分量

牛切り落とし肉＿400g
じゃがいも（男爵）＿3～4個
玉ねぎ＿大1個
わけぎ＿2本
糸こんにゃく（太めのもの）＿1袋
ラード＿20g
酒＿1カップ
砂糖＿大さじ4
しょうゆ＿大さじ4

肉じゃが

1 牛肉は食べやすい大きさに切る。じゃがいもは皮をむいて大きめの一口大に切る。玉ねぎはくし形に切り、わけぎは4～5㎝長さに切る。糸こんにゃくはさっとゆでて水気をきり、長さを2～3等分に切る。

2 鍋にラードを入れて火にかけ、溶けてきたら牛肉の半量を入れ、表面がチリチリになるまで焼きつけるように炒める（**a**）。

3 じゃがいもを加えて炒め合わせ（**b**）、ふたをして弱めの中火で10分ほど蒸し焼きにする。牛肉がカリカリになってじゃがいもの表面が透明になってきたら、糸こんにゃくと玉ねぎを加える。

4 残りの牛肉を加え、酒を注ぎ入れ（**c**）、砂糖を加えてふたをする。じゃがいもがやわらかくなるまで、弱めの中火で10～15分蒸し煮する。

5 しょうゆを加え、再びふたをして5～6分、わけぎをのせてふたをしてさらに5分ほど蒸し煮する。最後に鍋をゆすって全体に混ぜる。

ラードで炒めて酒で煮る、じゃがいものおいしさは感動もの

オリーブオイルとベーコンで、新和食を楽しみます

新じゃがいもの煮ころがし

材料　作りやすい分量

新じゃがいも＿小10個〜12個
ベーコン(かたまり)＿150g
オリーブオイル＿大さじ3
塩＿一つまみ
砂糖＿大さじ1½
酒＿大さじ2
しょうゆ＿大さじ2
みりん＿大さじ1
黒こしょう＿少々

1 新じゃがいもは皮つきのまま丸ごとよく洗う。ベーコンは1㎝幅の拍子木切りにする。

2 鍋にオリーブオイルを熱してじゃがいもを入れ、表面をこんがりと焼きつけるように炒める(**a**)。塩を加え、ベーコンを入れて脂がじんわり出てくるまで、さらに炒める。

3 **2**に砂糖を加えて混ぜ、砂糖が溶けて少し粘りが出てくるまで炒める(**b**)。

4 酒、しょうゆ、みりんを加えてふたをし(**c**)、弱火で10〜12分蒸し煮する。じゃがいもがやわらかくなったらこしょうをふる。

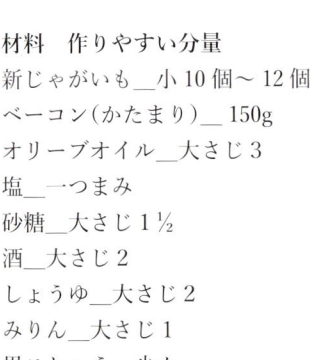

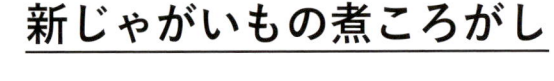

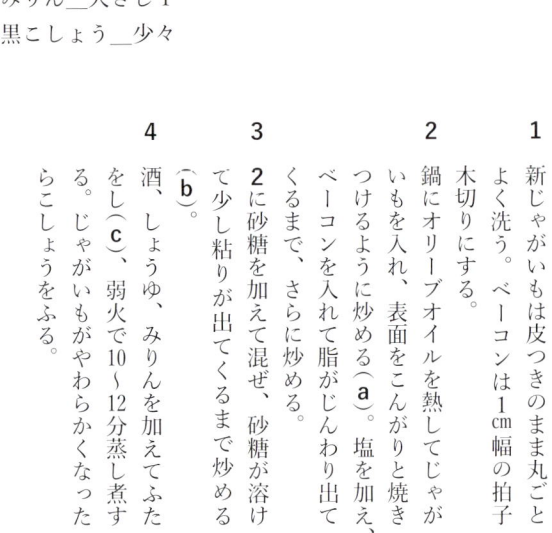

じゃがいものみそ汁いろいろ

→作り方は116〜117ページ

玉ねぎとベーコン、じゃがいも

わかめとじゃがいも

落とし卵とじゃがいも

油揚げとせん切りじゃがいも

じゃがいもすり流し

じゃがバターコーン

石狩風

豚汁風

玉ねぎとベーコン、じゃがいも

材料　２人分
玉ねぎ＿⅛個
じゃがいも＿１個
ベーコン(薄切り)＿１枚
だし汁＿２カップ
みそ＿大さじ１½
白こしょう＿少々

1 玉ねぎはくし形に切り、じゃがいもは皮をむいて６～7㎜厚さのいちょう切りにして水にさらす。ベーコンは1㎝幅に切る。
2 鍋にだし汁、じゃがいもを入れて火にかけ、沸騰したらベーコン、玉ねぎを加え、じゃがいもがやわらかくなるまで煮る。みそを溶き入れて火を止める。
3 器に盛り、こしょうをふる。

わかめとじゃがいも

材料　２人分
塩蔵わかめ＿10g
じゃがいも＿１個
だし汁＿２カップ
みそ＿大さじ１½

1 わかめは水にさらして戻し、かたいところを切り落としてざく切りにする。じゃがいもは皮をむいて一口大の乱切りにし、水にさらす。
2 鍋にだし汁、じゃがいもを入れて火にかけ、じゃがいもがやわらかくなるまで煮る。
3 わかめを加えてさっと煮立て、みそを溶き入れて火を止める。

落とし卵とじゃがいも

材料　２人分
じゃがいも＿１個
卵＿２個
スナップえんどう＿３本
だし汁＿２カップ
みそ＿大さじ１½

1 じゃがいもは皮をむいて６～７㎜厚さのいちょう切りにし、水にさらす。スナップえんどうは斜め半分に切る。
2 鍋にだし汁とじゃがいもを入れて火にかけ、じゃがいもがやわらかくなったらスナップえんどうを加え、さっと煮て、みそを溶き入れる。
3 卵を割って落とし入れ、好みのかたさに火を通し、火を止める。

油揚げとせん切りじゃがいも

材料　２人分
じゃがいも＿１個
油揚げ＿１枚
だし汁＿２カップ
みそ＿大さじ１½

1 じゃがいもは皮をむいてせん切りにして水にさらす。油揚げは３辺を細く切って開き、半分に切って重ね、縦半分に切ってから細切りにする。
2 鍋にだし汁、じゃがいもを入れて火にかけ、じゃがいもが透明になってきたら油揚げを加えて煮立てる。
3 みそを溶き入れて火を止める。

じゃがいもすり流し

材料　2人分
じゃがいも__1個
だし汁__2カップ
みそ__大さじ1½
あおさ__3g

1 じゃがいもは皮をむいてすりおろす。
2 鍋にだし汁を入れて火にかけ、沸騰したらみそを溶き入れる。**1**を流し入れ、一煮立ちしたら火を止める。
3 器に盛り、あおさを手で細かくしてのせる。

じゃがバターコーン

材料　2人分
玉ねぎ__⅛個
じゃがいも__1個
ゆでとうもろこし(実のみ)__70g
だし汁__2カップ
みそ__大さじ1½
バター__適量
黒こしょう__少々

1 玉ねぎはくし形に切る。じゃがいもは皮をむいて1cm角に切って水にさらす。
2 鍋にだし汁とじゃがいもを入れて火にかけ、玉ねぎを加え、野菜がやわらかくなるまで煮る。とうもろこしを加えてみそを溶き入れる。
3 器に盛り、バターを落とし、こしょうをふる。

石狩風

材料　2～3人分
塩鮭__1切れ
じゃがいも__1個
大根__5cm
だし汁__2½カップ
みそ__大さじ1
酒粕__小さじ1
長ねぎ__少々

1 鮭は4等分に切る。じゃがいもは一口大の乱切りにし、水にさらす。大根はいちょう切りにする。
2 鍋にだし汁とじゃがいもを入れて火にかけ、沸騰してきたら大根を加え、野菜がやわらかくなるまで煮る。鮭を加え、さらに2～3分煮て火を通す。
3 みそと酒粕を混ぜ合わせ、**2**に溶き入れて火を止める。器に盛り、長ねぎを斜め薄切りにしてのせる。

豚汁風

材料　2～3人分
豚バラ薄切り肉__50g
じゃがいも__1個
玉ねぎ__⅛個
大根__5cm
ごま油__小さじ2
だし汁__3カップ
みそ__大さじ2½
七味唐辛子__少々

1 豚肉は2cm幅に切る。じゃがいもは一口大の乱切りにし、水にさらす。玉ねぎはくし形に切り、大根はいちょう切りにする。
2 鍋にごま油を熱して豚肉を炒め、じゃがいも、玉ねぎ、大根を加えて炒め合わせる。だし汁½カップを加え、ふたをして弱火にし、10分ほど煮る。
3 残りのだし汁を加えて温め、みそを溶き入れて火を止める。器に盛り、七味唐辛子をふる。

粉料理に

小麦粉とじゃがいもを練ってゆでた、イタリアの家庭料理

じゃがいものニョッキ セージバターソース

a

材料　作りやすい分量

じゃがいも＿4個(400～500g)
小麦粉＿150g
塩＿少々
卵＿1個
セージバター
　バター＿90g
　セージ＿1パック
　塩＿小さじ⅔～1
　黒こしょう＿適量
パルメザンチーズのすりおろし＿大さじ4

e

b

f

c

d

1 じゃがいもは洗い、皮つきのまま丸ごとやわらかくゆでて、皮をむき、熱いうちに裏ごしする(a)。

2 1をボウルに入れ、小麦粉をふるって加え、塩、卵を入れて練り混ぜ(b)、耳たぶ程度のかたさにし、一つにまとめる(c)。

3 台に打ち粉(強力粉。分量外)をして2をおき、直系1.5cm程度の棒状にのばす。1cm厚さに切り、真ん中を指で凹ませて円盤状にする(d)。

4 鍋にたっぷりの湯を沸かし、塩少々(分量外)を加え、3を入れる。浮いてきたら1～2分ゆでる(e)。

5 4をゆでている間に、フライパンにバターを入れて火にかけ、セージ、塩、こしょうを入れて沸騰させる。4のゆでたてのニョッキを加えてあえる(f)。

6 パルメザンチーズを加えてあえ、器に盛る。好みでさらにパルメザンチーズのすりおろし、黒こしょう(各分量外)をふる。

じゃがいものグジェール

→作り方は 122 ページ

チーズ風味、アンチョビー入り。二種のシューを徹底マスター

じゃがいものグジェール

材料　各20個分
じゃがいも＿小1個(120g)
小麦粉(薄力粉)＿20g
小麦粉(強力粉)＿20g
バター＿60g
水＿60mℓ
牛乳＿60mℓ
グラニュー糖＿小さじ1
塩＿小さじ½
卵＿2個
A｜エメンタールチーズのすりおろし＿20g
　｜ナツメグ＿小さじ¼
B｜アンチョビーのみじん切り＿5g
　｜黒オリーブのみじん切り＿大さじ½

1 じゃがいもは洗って皮つきのまま丸ごとゆで、皮をむいてつぶす(**a**)。ゆでてマッシュした状態で110g用意する。

2 薄力粉と強力粉は合わせてふるう。

3 鍋に2㎝角に切ったバター、分量の水、牛乳、グラニュー糖、塩を入れて中火にかけ(**b**)、沸騰してバターが溶けたら、**2**を加え(**c**)、木ベラで焦がさないように混ぜる。

4 生地が一まとまりになり、鍋底に生地の膜が薄く張りつくくらいになったら(**d**)、火を止めてボウルに移す。

5 **1**のじゃがいもを加えて混ぜる(**e**)。

i

j

k

l

6 卵をよく溶きほぐし、5に少しずつ加えながら混ぜる(f)。木べらで持ち上げたとき、ゆっくり落ちたあとに木ベラに三角形に生地が残る程度のかたさまで卵を加える(g)。足りなければ卵を足す。

7 6の生地を2等分にし、一つにはAのエメンタールチーズとナツメグ、もう一つにはBのアンチョビーと黒オリーブを加えて混ぜる(h、i、j)。

8 7を丸口金をつけた絞り袋に入れ、オーブンシートを敷いた天板に直径2cmくらいに絞り出す(k)。フォークでツンツンと軽く刺して整える(l)。

9 6で卵が残っていたら表面に刷毛でぬり、切り吹きで水分を補う。この水分で生地がふっくらとする。

10 190℃のオーブンで15分焼き、ふくらんで色づいてきたら180℃に下げて15~20分焼く。

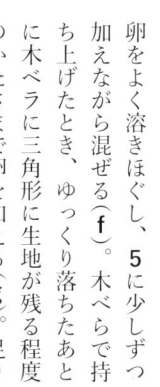

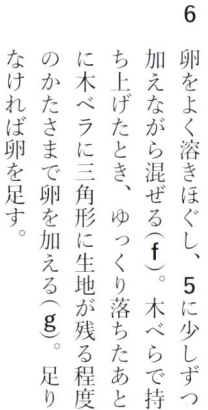

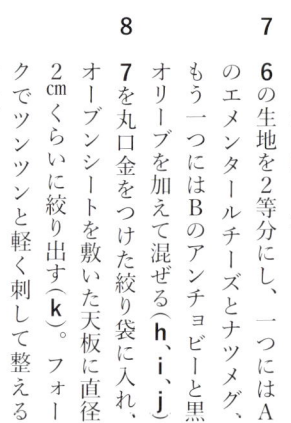

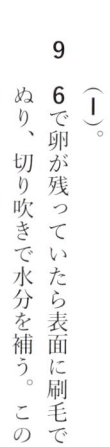

じゃがいものパンケーキ

材料　4枚分
じゃがいも(メークイン)＿3個
玉ねぎのすりおろし＿大さじ2
卵＿1個
塩、白こしょう、ナツメグ＿各少々
小麦粉＿大さじ2
バター＿20ｇ
りんごソース
　りんご(紅玉など)＿1個
　グラニュー糖＿大さじ2
　レモンの搾り汁＿½個分
　水＿50mℓ
　塩＿一つまみ
　コーンスターチ＿小さじ1
りんご(くし形に切ったもの)、サワークリーム
　＿各適量

1 りんごソースを作る。りんごは皮をむいてすりおろし、果汁ごと鍋に入れる。グラニュー糖、レモンの搾り汁、分量の水、塩を加えて火にかけ、少し煮詰める。コーンスターチを水小さじ1(分量外)で溶いて加え、軽くとろみをつける。

2 じゃがいもは皮をむいてすりおろす。ボウルにザルを重ね、じゃがいもをペーパータオルなどに包んで水気を絞る(a)。絞った水分はしばらくおき、沈殿したデンプンは使うので取っておく。

3 別のボウルに2のじゃがいもとデンプン、玉ねぎ、卵、塩、こしょう、ナツメグを入れ、小麦粉をふるい入れ(b)、よく混ぜ合わせる。

4 フライパンにバターを熱し、3の生地を直径10cm程度に丸く広げ(c)、軽く押さえながら、両面こんがりと焼いて中まで火を通す。焼けたらペーパータオルを敷いたバットなどに入れていく(d)。

5 器に4のパンケーキを盛り、りんごとサワークリームを添え、りんごソースをかける。

ふんわりモチモチ。りんごソースを添えていただきます

ポンと一口サイズ。サックリの揚げたてをおやつに

じゃがいものドーナツ

材料　12～13個分

じゃがいも__1個(180g)
卵__1個
きび砂糖__50g
牛乳__大さじ2
溶かしバター__30g
小麦粉__180g
ベーキングパウダー__小さじ2
塩__少々
揚げ油__適量
粉糖、シナモンシュガーなど__適量

e

a

f

b

c

d

1 じゃがいもは洗って皮つきのまま丸ごとゆで、皮をむいてつぶす。ゆでてマッシュした状態で170g用意する。

2 ボウルに卵を溶きほぐし、砂糖、牛乳、溶かしバターを加えて混ぜる。

3 別のボウルに、小麦粉、ベーキングパウダー、塩を合わせてふるい入れ、2を加えてさっくりと混ぜる(a)。

4 1のじゃがいもを加えて混ぜ合わせ(b、c)、一まとめにしてラップで包み、冷蔵庫で30分ほど休ませる。

5 打ち粉(分量外)をしながら直径3cmくらいに丸める(d)。

6 揚げ油をやや高温に熱し、5を入れ、ときどき返しながら、きつね色になるまで揚げる(e)。熱いうちに、粉糖またはシナモンシュガーをまぶす(f)。

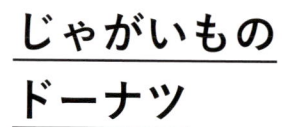

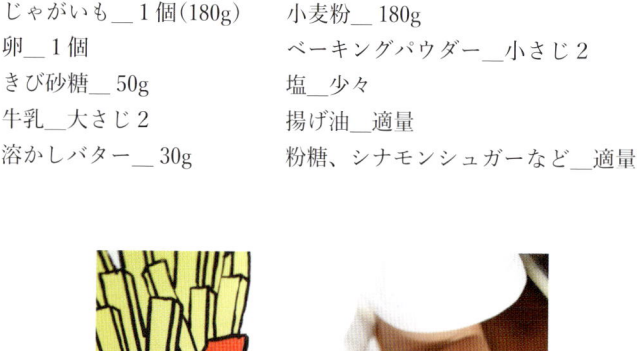

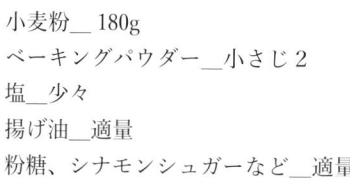

フランス菓子店やフランス料理店での経験を重ね、独立。
現在、料理教室「studio SPOON」を主宰し、
国内外を問わず、常に新しいおいしさを模索。
プロの手法を取り入れた家庭料理の数々は、
どれも本格的な味わい。
著書に『パワーサラダ』『坂田阿希子の肉料理』（ともに文化出版局）、
『サンドイッチ教本』、『スープ教本』、『サラダ教本』
『洋食教本』『おやつ教本』（すべて東京書籍）など多数。

studio SPOON　http://www.studio-spoon.com/

ブックデザイン　茂木隆行
撮影　邑口京一郎
スタイリング　久保百合子
構成・編集　松原京子
プリンティングディレクター　栗原哲朗（図書印刷）

じゃがいも・ブック

2018年11月16日　第1刷発行

著　者　坂田阿希子《さかたあきこ》
発行者　千石雅仁
発行所　東京書籍株式会社
東京都北区堀船2-17-1　〒114-8524
電話　03-5390-7531（営業）　03-5390-7508（編集）

印刷・製本　図書印刷株式会社

ISBN978-4-487-81167-0 C2077